SCIENCE ET RELIGION
Études pour le temps présent

L'INFLUENCE

DE

St-FRANÇOIS-D'ASSISE

SUR LA

CIVILISATION ET LES ARTS

PAR

Alphonse GERMAIN

écrivain d'art

PARIS

LIBRAIRIE BLOUD & Cie

4, RUE MADAME ET RUE DE RENNES, 59

1903

— **Le Levier d'Archimède ou la Mécanique céleste et le Céleste mécanicien**, par le R. P. ORTOLAN. 2 vol.

— **Ce que le Christianisme a fait pour la femme**, par G. d'AZAMBUJA. 1 vol.

— **L'Hypnotisme et la Stigmatisation**, par le Dr IMBERT-GOURBEYRE. 1 vol.

— **L'Education chrétienne de la Démocratie**, *essai d'apologétique sociale*, par CH. CALIPPE. 1 vol.

— **La Religion catholique peut-elle être une science ?** par l'abbé G. FRÉMONT. 1 vol.

— *Du même auteur :* **Que l'Orgueil de l'Esprit est le grand écueil de la Foi**, *Théodore Jouffroy, Lamennais, Ernest Renan.* 1 vol.

— **La Révélation devant la Raison**, par F. VERDIER, supérieur de Grand Séminaire. 1 vol.

— **Confréries musulmanes.** — *Histoire, Discipline, Hiérarchie,* par le R. P. PETIT. 1 vol.

— **Pratique de la Liberté de conscience dans nos Sociétés contemporaines**, par l'abbé CANET. 1 vol.

— **Comment peut finir l'Univers**, d'après la science, par C. de KIRWAN. 1 vol.

— **Les Théories modernes de la Criminalité**, par le Docteur DELASSUS. 1 vol.

— **Faillite du Matérialisme**, par Pierre COURBET, 3 vol. *se vendant séparément :*

    I. — *Historique.* 1 vol.

    II. — *Discussion ; l'atome et le mouvement.* 1 vol.

    III. — *Discussion ; l'éther, les gaz, l'attraction. Conclusion. — Appendice.* 1 vol.

— **Le Globe terrestre**, par A. DE LAPPARENT, Membre de l'Institut, professeur à l'Ecole libre des Hautes Etudes, 3 vol. *se vendant séparément.*

    I. — *La Formation de l'écorce terrestre.* 1 vol.

    II. — *La nature des mouvements de l'écorce terrestre.* 1 vol.

    III. — *La Destinée de la terre ferme et la Durée des temps.* 1 vol.

— **De la Connaissance du Beau**, *sa définition, application de cette définition aux beautés de la nature,* par l'abbé GABORIT, archiprêtre de la Cathédrale de Nantes. 1 vol.

— **Le Diable dans l'Hypnotisme**, par le docteur Ch. HÉLOT. 1 vol.

— **De la Prospérité comparée des nations protestantes et des nations catholiques**, *au point de vue économique, moral, social,* par le R. P. FLAMÉRION, S. J. 1 vol.

— **L'Art et la Morale**, par le P. SERTILLANGES, dominicain, docteur en théologie. 1 vol.

— **La Sorcellerie**, par I. BERTRAND. 1 vol.

— **Qu'est-ce que l'Ecriture sainte ?** *Les Livres inspirés dans l'antiquité chrétienne : Théorie de l'inspiration,* p. le P. Th. CALMES. 1 vol.

— **Les Morts reviennent-ils ?** par I. BERTRAND. 1 vol.

(Demander la liste **complète** *des volumes* **Science et Religion**, *parus à ce jour).*

SAINT-AMAND (CHER). — IMPRIMERIE BUSSIÈRE

SCIENCE ET RELIGION
Études pour le temps présent

L'INFLUENCE

DE

St-FRANÇOIS-D'ASSISE

SUR LA

CIVILISATION ET LES ARTS

PAR

Alphonse GERMAIN

écrivain d'art

PARIS

LIBRAIRIE **BLOUD** & Cie

4, RUE MADAME ET RUE DE RENNES, 59

1903

BIBLIOGRAPHIE

Acta sanctorum, oct., t. II.

Opera Sancti Francisci.

TOMASSO DA CELANO. — *Vie de saint Franç.*

B. F. LÉON, ANGE et RUFFIN. — *Légende des trois comp.*, trad. de l'abbé Huvelin (Paris, Poussielgue).

S. BONAVENTURE. — *Legenda saint Franç.*

WADDING. — *Ann. Ord. Minor.*

I. FIORETTI, trad. de l'abbé Riche (Paris, Retaux), trad. baron Chauvin (Paris) et trad. d'Arn. Goffin (Bruxelles, soc. belge de librair.)

BARTHOLOMÆUS PISANUS. — *Opus conformit.*

Chronica F. Salimbene Parmensis.

Analecta Francisc., t. I.

Miscellanea Francisc. Foligno.

R. P. de CHATEL, de PORRENTRUY et abbé BRIN. — *Saint Franç. d'Ass.* (Par., Plon).

CHAVIN de MALAN.— *Hist. de saint Franç. d'Ass.* (Par., Retaux).

R. P. CHÉRANCÉ. — *Saint Franç. d'Ass.* (Par., Poussielgue).

OZANAM. — *Les poètes francisc.*, t. V. des Œuv. compl.

Analecta Bolland Bruxelles.

CRISTOFANI. — *Storia d'Assis.*

R. P. G. ORLANDO. — *Saint Franç. d'Ass et son infl. relig. soc. litt. et art*, trad. du R. P. Jean-Baptiste (Par., Œ. de saint Paul).

Le biblioph. GRANGER de D... — *Saint Fr. d'Ass. Provid. du Moyen Age par l'am.*

R. P. BERNARD CHRISTEN, d'ANDERMATT. — *Vie de saint Franç. d'Ass.* (Par., Poussielgue).

Abbé LEMONNIER. — *Vie de saint Franç. d'Ass.*

Fréd. MORIN. — *Saint Franç. et les Franç.*

LÉON PATREM. — *Tableau synopt. de l'hist. de l'Ordre Séraph.* (Œ. de saint Paul).

R. P. LÉON. — *L'Auréole séraph.* (P. Bloud).

S. Bonaventuræ opera omn.

THUREAU-DANGIN. — *Saint Bernardin de Sienne* (Par., Plon).

R. P. de CHÉRANCÉ. — *Sainte Claire d'Assise* (Par., Poussielgue).

B. JACOPONE. — *Poésie Spiritual.*

FAURIEL. — *Hist. de la poés. provenc.*, t. II.

TICKNOR. — *Hist. de la littér. espagnole*, trad. de Maynabal (Par., Durand).

LOPE de VEGA. — *Primas Sacras.*

EUDE. — *Les Poët myst. du Portugal* (Par., *Revue Britann.*)

MUNTZ. — *Les précurseurs de la Renaiss.* (Paris).

MUNTZ. — *Hist. de l'art pend. la Renaiss.* (id).

Ch. BLANC. — *Hist. des peint.* (id).

BOUTELOU et PASSAVANT. — *El arte cristiano en España* (Séville).

P. MANTZ. — *Les chefs-d'œuvre de la peint. ital.* (Paris).

L'INFLUENCE

DE

SAINT-FRANÇOIS-D'ASSISE

SUR LA

CIVILISATION ET LES ARTS

INTRODUCTION

Quand le fils de Pietro Bernardone Moriconi se mit
en devoir d'obéir à l'appel divin, l'Ombrie, surex-
citée par mille passions, mille désirs ambitieux, fré-
missait de colère et de haine, l'Italie tout entière,
encore saignante des blessures reçues au siècle précédent, traversait une crise sociale excessivement grave.
Partout, les cités se disputaient des avantages maté-
riels ; partout, les partis recouraient à la violence
pour assouvir leurs convoitises. Sauf parmi les vrais
fidèles, — et le nombre en était restreint, — on ne
savait plus vivre selon les commandements de Dieu,
et, si les populations croyaient toujours en Notre-Seigneur, elles ne l'aimaient guère que des lèvres. Les
citadins surtout, pénétrés par l'esprit du siècle, s'éloi-
gnaient chaque jour un peu plus de l'amour évangélique et le renoncement leur devenait incompréhen-
sible. Les moins mauvais conservaient pour les
richesses une dilection fâcheuse ou languissaient dans
l'apathie spirituelle. Certes, chacun voulait rester
chrétien, mais la plupart entendaient ne pas renoncer
aux jouissances matérielles. Bref, dans les âmes, que
le saint amour ne vivifiait plus, la foi s'émaciait. On

perdait le sens du christianisme en oubliant que la croix synthétise la loi du divin Maître.

La voix du « petit Pauvre » de Jésus secoua les torpeurs, ses exemples d'abnégation frappèrent l'indifférence et jusqu'à l'incrédulité. Un prodige apparaissant dans le ciel n'eut pas étonné davantage et, peut-être, eut-il eu moins d'action sur les masses. On sait si François enthousiasma les esprits et entraîna les âmes, s'il obtint des conversions et détermina des vocations (1). On sait avec quelle merveilleuse rapidité son rayonnement s'étendit au loin et combien il fut bienfaisant. Partout où demeurait le sublime Mendiant, on devenait meilleur ; partout où retentissait sa voix, des hommes se levaient pour le suivre. Et sa force persuasive, son ardente flamme, se communiquait, semble-t-il, à ses disciples, à ses fils. Onze ans après la fondation de son berceau, la famille franciscaine comptait cinq mille membres ; cent ans plus tard, elle couvrait l'Europe, de la Sicile aux extrémités des Iles Britanniques, de l'Espagne à la Suède ; elle s'installait en Palestine pour garder le Saint-Sépulcre et commençait la conquête de l'Afrique. Ainsi se réalisait la vision de Frère Sylvestre. La croix d'or qu'il avait vu surgir de la bouche de saint François s'étendait chaque jour un peu plus jusqu'aux extrémités du monde en s'élevant toujours plus haut vers le ciel.

Tout n'est pas surnaturel dans l'action des saints, faut-il le rappeler ? Elle présente une abondante part de naturel, car Dieu veut que les hommes, — qu'il a créés libres, — collaborent de leur plein gré avec sa grâce. Quelles furent donc les causes *naturelles* du rayonnement inouï de François ? Qu'avait-il, indé-

______

(1) On vit plus d'une fois vingt et même trente hommes demander, après un sermon, la faveur d'être admis au nombre des Frères Mineurs.

pendamment de l'aide extraordinaire que lui dispensait Jésus, pour influencer de la sorte ? Il avait un cœur d'ascète et une âme de poète. Il était à la fois formidablement mystique et exquisement humain. Ce fut à force d'être aimable et bon, déclare saint François de Sales, un de ses vrais disciples, qu'il remit en honneur la Pauvreté et la Douleur. Sa manière d'initier à la vie mortifiée n'avait rien de farouche, bien au contraire, elle était lyrique et attachante. Unissant avec une ineffable tendresse l'amour de Jésus Crucifié et l'amour de Jésus-Hostie, il possédait le secret des paroles qui facilitent le sacrifice, excellait à montrer que l'on peut avancer dans la voie spirituelle sans considérer toutes choses d'un œil morose, que le renoncement chrétien, loin d'éteindre, de dessécher, d'annihiler, donne une surabondance de vie. Et cette vie, il apprenait à l'aimer tout en incitant à embrasser la croix.

Il avait la joie. La joie qui « glorifie Dieu », selon le mot du P. Faber. Et ne faut-il pas reconnaître avec l'auteur de *Bethléem* que la nature et la vie tendent toujours vers la joie ? « C'est le culte de soi-même, le souvenir perpétuel de soi-même, la tendance à faire un centre de soi-même qui oppresse le monde dans sa jubilation et l'accable presque sous le poids de sa tristesse. C'est l'humilité plus que toute autre chose qui relâche ou brise les étreintes de l'égoïsme. Un esprit humble est nécessairement un esprit désintéressé. L'humilité est une perpétuelle présence de Dieu ; et comment, en présence de Dieu, pourrait-on ne pas s'oublier soi-même ? Un homme humble est un homme joyeux (1). »

Sous l'action de la grâce, François vibrait comme

(1) P. FABER, *Bethléem*, liv. I, p, 250. « La joie, lit-on encore p. 280, est l'aurore perpétuelle de l'âme, le rayon habituel du soleil dont émanent l'adoration et les vertus héroïques. »

une lyre ; sous les feux du divin amour, son cœur brûlait comme un soleil et débordait d'amour fraternel. Chrétien, il avait le vouloir invincible de vivre la vie de.Jésus crucifié, l'amour mystique des créatures, l'intuition des splendeurs invisibles ; poète, il avait le sentiment des harmonies du monde, des intimes correspondances, l'amour esthétique de la création, l'intelligence des beautés éparses dans la nature. Tout cela s'unissait, se fondait en lui, d'une manière indicible, au plus grand avantage de son âme. Parce qu'il aimait Jésus crucifié, il aima l'humanité souffreteuse, endolorie, navrée. Parce que son sentiment poétique était imprégné d'esprit chrétien, il trouva des accents inconnus pour raviver chez ses contemporains le respect de l'humilité et de la pauvreté. Quelle ferveur quand il parlait de la très sainte pauvreté, ce trésor « tellement vénérable et divin que nous ne sommes pas dignes de la posséder dans nos vases très vils » ! « C'est là, dit-il un jour à frère Masseo, cette vertu céleste par laquelle l'âme se délivre de tout embarras, afin qu'elle puisse librement se réunir avec Dieu éternel. Et cette vertu là fait que l'âme, retenue encore sur la terre, converse avec les anges; et c'est elle qui accompagna Christ sur la croix ; qui, avec Christ, fut suppliciée et, avec Christ, ressuscita, avec Christ monta au ciel ; laquelle encore octroie en cette vie, aux âmes qui s'éprennent d'amour pour elle, la facilité de voler au ciel, attendu qu'elle garde l'arme de la vraie humilité et charité (1). »

Des anachorètes, des moines dont la sainteté fut éminente, splendide, n'ont eu, de leur vivant, qu'un rayonnement de faible étendue ; ils étaient trop loin du monde ou semblaient trop au dessus de l'humanité. François, dans sa haute spiritualité, dans ses en-

(1) *I Forietti*, traduct. d'Arnold Goffin, Bruxelles, 1897.

volées célestes, donna toujours l'impression de rester
homme et de demeurer accessible. Pouvait-on conce-
voir qu'il fut longtemps loin des pauvres pécheurs ?
Ne leur appartenait-il pas aussi bien qu'à ses frères ?
Ne leur ressemblait-il pas extérieurement ? « Puissant
en œuvres et en paroles, écrit Tomasso da Celano,
il était si humble parmi les pécheurs qu'on l'eût pris
pour l'un d'eux (1) ». Rarement saint fut aussi populaire. Il s'adressait à tous et tous comprenaient son
langage. Car, poète, il pensait par images et, mystique
énamouré de Jésus, il avait cette onction et cette éloquence du cœur que la grâce rend irrésistibles. Les
cœurs se livraient au divin Sauveur quand son Poverello en disait les gestes et la Passion. Ses paroles
étaient d'autant plus touchantes que simples, d'autant
plus simples qu'évangéliques. Et, seules, les âmes
vraiment endurcies résistaient à leur feu ardent, selon
l'expression de saint Bonaventure (2).

Nul ne réalisa mieux, au Moyen Age, le type d'apôtre
des masses ; nul n'incarna plus idéalement l'esprit poétique. Civilisateur, éducateur social, initiateur au beau
suprême, conquérant d'âmes, il mérite, certes, le titre
d'Orpheus chrétien dont on l'a salué. Ainsi peut-on
s'expliquer *humainement* son influence surprenante,
dont rien n'a détruit la vertu. Cette influence à travers
les siècles, nous allons l'examiner dans la civilisation
et dans l'art, tant dans la peinture et la sculpture que
dans la poésie. Mais si Dante lui-même ne se recon-
naissait pas en puissance de célébrer comme il convient ce saint « dont la vie admirable serait plus di-
gnement chantée parmi les gloires du ciel », que de-
vrons-nous dire ? On voudra donc bien considérer les
pages qui suivent comme le bégaiement d'un hommage.

(1) *Vita Prima,* post. L., cap. XIX.
(2) S. Bonavent., cap. XII.

CHAPITRE PREMIER

L'action sociale de saint François, intimement liée
à son action moralisatrice et spiritualisatrice, eut très
vite de salutaires effets. Après ce qui précède, on ne
saurait s'en étonner. En voyant ce galant jeune homme
auquel la vie souriait élire la pauvreté pour sa dame et
se complaire dans le culte qu'il lui avait voué, beaucoup comprirent la vanité des richesses périssables. Le
plus épais des bourgeois était forcé de constater qu'il
y avait dans le cas de ce pauvre volontaire autre chose
qu'une originalité de caractère, qu'une *idée d'artiste*.
Ceux qui ne percevaient pas les beautés spirituelles
du complet détachement préconisé par Notre-Seigneur
se rendaient compte au moins que l'on pouvait vivre
heureux et digne en manquant de tout à condition
d'aimer Jésus. Il fallait bien admettre que la pauvreté
constituait un état supportable, sinon enviable, qu'il
n'était pas au-dessus des forces humaines d'accepter
la souffrance d'un cœur allègre. Et quand on voyait ce
délicat, « la fleur des jeunes gens », hier encore chef
de *corti* (1), prodiguer ses soins aux lépreux, les plus

(1) On appelait ainsi les « compagnies », les cénacles d'affinés,
de dilettanti qui s'ingéniaient à reproduire la civilisation provençale, alors très admirée en Italie, en se passionnant pour la poésie
et l'art, et plus encore en s'initiant aux règles du « gai savoir »,

sceptiques et les moins généreux se trouvaient bien obligés de reconnaître que la folie de la croix servait à quelque chose d'utile et poussait assez souvent aux sages résolutions. De tels actes impressionnaient fort et avaient un retentissement immense. L'antagonisme entre les classes perdit de son acuité, puis diminua sensiblement. La lèpre de l'envie cessa de ravager les pauvres ; la plupart des riches apprirent à respecter davantage les membres de Jésus souffrant. De part et d'autre, on finit par comprendre que le chemin de l'aumône était, comme le répétait notre bienheureux, dont la dilection transfigurait tout, « le chemin du ciel pour qui la demande et pour qui la donne ». En entendant prêcher la concorde et l'amour par ce messager du Dieu de paix qui se faisait si bellement tout à tous, beaucoup aussi se prenaient à écouter la voix de leur conscience, et des rancunes s'apaisaient, et des rancœurs se dissipaient.

Combattant sans merci la passion des richesses sous toutes ses formes, saint François avait entrepris une véritable croisade contre les querelles intestines, dont l'Italie souffrait tant alors. S'il ne désarma pas tous les belligérants, c'est que ce n'entrait pas dans les desseins de Dieu. Du moins obtint-il de très sérieux résultats. Comment d'ailleurs serait-il resté stérile, cet enseignement pratique du dévouement, de l'abnégation, qu'il préconisait par d'incessants exemples ? Aussi, que d'égoïsmes n'atténua-t-il pas ! Que de bassesses n'empêcha-t-il pas et que d'héroïsmes il suscita ! «C'était l'un des plus puissants séducteurs et excitateurs d'âmes que le monde ait connus, dit M. Thureau-Dangin ; nul homme n'a à ce point soulevé, enflammé les cœurs et les imaginations ; nul n'a semé et récolté, en si peu de temps, une telle moisson de sainteté, d'hé-

à la dialectique de la galanterie. On y formait le goût au détriment de la spiritualité.

roïsme et de poésie ; son impulsion a remué profondément et transformé l'Eglise, la société et jusqu'au
monde des lettres etdes arts (1). »

Les *Fioretti*, cet exquis florilège de vivants témoi-
gnages, nous disent quelle émotion indicible saint
François soulevait dans les campagnes et les villes. A
l'admirable chapitre tenu dans la plaine de Sainte-Marie-des-Anges le 26 mai 1219, le Père Séraphique édifia
les personnages de toutes conditions attirés par ce
spectacle sans précédent et saint Dominique lui-même.
On ne se lasse pas de relire l'évocation de cette assemblée unique où, devant tout un peuple, entre deux
oraisons exhalées à la fois par des milliers de cœurs,
le « fidèle serviteur du Christ » prêcha, tout pénétré
du Saint-Esprit, sur ces paroles : « Mes fils, nous avons
promis à Dieu de grandes choses ; mais Dieu nous en
a promis de plus grandes encore si nous observons
nos promesses et que nous attendions avec assurance
les siennes. Court est le plaisir du monde ; la peine
qui le suit est éternelle. Petite est la peine de cette vie ;
mais la gloire de l'autre est infinie. » On répète avec
le cardinal Ugolino, qui ne pouvait contenir ses
larmes : « Vraiment c'est ici le camp et l'armée des
chevaliers de Dieu (2). » Et, comme le fondateur des
Frères Prêcheurs, on s'incline, attendri, devant la dé-
licate intervention de la Providence, on bénit l'évangélique et sainte Pauvreté (3).

On courait littéralement après notre aimable thaumaturge, affirment les biographes contemporains, on
se suspendait à ses lèvres. A Savurniano, les habitants

<hr>

(1) P. THUREAU-DANGIN, *Saint Bernardin de Sienne*. p. 253.

(2) C'est ce cardinal qui devint le pape Grégoire IX en 1227.

(3) On sait quelle pieuse amitié lia, depuis ce jour, les deux
saints. Dominique, à force d'insistances, se fit donner par le Poverello la pauvre corde dont ce dernier se ceignait et il la porta
désormais sous sa robe blanche. T. de CELANO, *Vita secunda*. part.
III, cap. LXXVII.

voulaient abandonner leurs demeures et le suivre ;
à Borgo-San-Donnino, on se pressa tellement autour
de lui qu'il faillit être étouffé ; à Gaète, il n'évita le
même sort qu'en montant sur une barque. Dans Assise, certain jour qu'il prêchait l'esprit de la pénitence
et le désir du ciel, il y eut « tant de larmes sur la Passion du Christ, que jamais il n'y en eut de pareilles (1) ». A Bologne, le sermon qu'il fit, en 1220,
pour la fête de l'Assomption laissa d'ineffaçables traces
sur l'assemblée (2), et la profondeur de son langage
stupéfia les savants venus pour l'entendre. A cette
phase de son apostolat, il a reçu de la divine Sagesse « la science des saints » (Sap. ix, 10). Deux ans
plus tard, à Rome, il étonnera de même la cour pon-
tificale. « Subjugués par les accents de cette éloquence
inspirée, dit saint Bonaventure, ses nobles auditeurs
reconnurent que ce n'était pas lui qui parlait, mais
que l'Esprit-Saint s'exprimait par sa bouche (3). »

L'histoire, qui, sur plus d'un point, confirme le
récit poétique, nous a laissé quelques peintures non
moins émouvantes de l'action pacificatrice de François.
En 1210, les serfs d'Assise s'étant soulevés contre
leurs seigneurs, le bienheureux se hâte d'intervenir
avec le clergé et ses frères ; et non seulement son
éloquence empêche l'effusion de sang, mais encore
elle obtient la charte d'affranchissement, cause de
l'alarme (4).

Six ans plus tard, le prodigieux Père Séraphique réta-

(1) *I Fioretti*, p. 125.
(2) Presque tous les Bolonais se pressaient sur la place, qui ne
pouvait contenir une telle foule. Ce fait se trouve attesté dans un
document conservé aux archives de la cathédrale de Spalatro
par un archidiacre de cette cathédrale, alors étudiant à Bologne.
(3) *S. Bonav.*, ch. xii.
(4) Cristofani, *Storia d'Assisi*, lib. II, p. 122-130. L'esprit de
saint François se reconnaît jusque dans les expressions de cette
charte.

blit la concorde dans la maison Baselensium, en
Ombrie, que décimaient des querelles domestiques.
En 1220, par deux sermons, qui soulèvent une émotion
générale, il amène les partis de Bologne, dont les luttes
désolaient la ville, à conclure la paix. Peu d'années
après, par un simple verset qu'il fait chanter par ses
religieux, il apaise la dispute survenue entre l'évêque
et les magistrats d'Assise (1). Entre temps, il avait
arrêté les factions d'Arrezzo prêtes à s'entr'égorger,
évangélisé Padoue, Crémone, Brescia, les cités d'As-
coli, de Camerino, de Macerata, de Monte Casale,
d'Ancône, de Fabriano, pacifié l'Italie méridionale
jusqu'à Naples.

Rien n'arrêtait ce tendre, ce timide, ce maladif,
quand le service de Dieu commandait de marcher.
« Et aucune faiblesse d'âme ne lui fit baisser la pau-
pière », s'écrie le grand *Padre* de la *Divine Comédie*.
Rien n'ébranlait sa foi parce qu'elle était tout amour ;
rien ne pouvait troubler son espérance, si riche,
déclarait-il, que toute peine lui était douceur. Une
possédée rugit un jour que plus de cinq mille conju-
rés se ligueront contre sa personne et son œuvre. —
« Je suis néanmoins le plus fort », répond le saint qui
ne saurait douter de l'assistance divine. Et quand,
après avoir reçu, sur l'Alverne, les glorieuses em-
preintes (2), « ce dernier sceau du Christ », selon la
belle image de Dante, notre bienheureux se trouva
dans l'impossibilité de marcher et de prêcher en
public, le rayonnement de son visage déjà *dématéria-*
lisé et le son de sa voix, qui devenait céleste en

---

(1) Ce verset fut ajouté au fameux *Cantique du Soleil*. Composé en vue de mettre un terme au différend signalé plus haut,
il eut un effet merveilleux. Dès que les Frères Mineurs l'eurent
chanté devant les antagonistes ceux-ci se réconcilièrent. Cf. Ozanam, *Les poètes franc.* (tome V des Œ. compl.), p. 84.

(2) Le 14 septembres 1224, date à jamais mémorable. *Barth. de
Pise, Op. Conf.*, l. III.

s'affaiblissant, continuèrent d'influencer, d'évangéliser les foules.

On comprend que Pie VII ait élu cet *ami* du Divin
Maître pour protecteur de la Papauté.

Par sa chevalerie religieuse, le paladin de Jésus
crucifié ralliait les fidèles au sublime idéal de la pauvreté chrétienne. Il rappelait qu'elle avait été sanctifiée
par le divin contact du Christ. Certes, pour beaucoup, c'était une révélation ; il n'en faudrait pas
déduire, cependant, que cette pauvreté n'avait plus de
dévots à la fin du xii° siècle. Dante lance une hyperbole d'artiste quand il s'écrie que la pauvreté était
veuve depuis douze siècles. Le caractère du mouvement déterminé par saint François, M. Charles
d'Héricault l'a très heureusement défini. Ce fut une
évolution dans le mouvement transformateur que l'on
doit au divin Crucifié et qui, des temps apostoliques
à l'aube du xiii° siècle, s'était développé sans modification importante. « Jusque-là, presque toujours, on
avait aimé la pauvreté par devoir, par esprit de pénitence, avec une résignation noble et généreuse sans
doute, mais héroïque et presque pénible. François,
lui, c'est d'amour qu'il aime la pauvreté, avec effusion, avec passion, avec enthousiasme. Il vit que la
pauvreté, outre les attraits évidents qu'elle a pour des
âmes vigoureuses, possédait une beauté mystérieuse,
puisque Jésus avait quitté la divinité pour la pauvreté. Ce n'est pas encore là toute son originalité.
Joignant le génie de l'homme d'Etat à l'élan du poète,
il codifie cet amour et l'érige en corps solide de doctrine (1). »

Bref, le Mendiant d'Assise créa une forme nouvelle de la piété, mais cette innovation, comme toutes
celles des saints, n'était qu'un moyen de plus pour
rattacher le fidèle à l'Evangile. Ainsi, la Religion

(1) Ch. d'Héricault, *Les Mères des Saints*, p. 148-149.

apparaît comme un arbre vigoureux ; sans cesser d'être elle-même, elle se renouvelle, se rajeunit incessamment ; de son tronc, toujours vivace, sortent, à l'heure marquée par la Providence, des rameaux gonflés de sève. Chaque époque voit se dessiner quelque dévotion particulière, quelque fondation pieuse, quelque interprétation inédite de l'immuable correspondant aux besoins nouveaux.

En amenant ses fils à considérer la souffrance comme une joie et une gloire, François leur communiqua une force indomptable. Car accepter ainsi la souffrance, c'est se rendre éminemment libre ; la liberté humaine n'étant guère entravée, saint Bonaventure l'expose très bien, que par la crainte de souffrir, cette synthèse de toutes les craintes. En ramenant la famille à vivre les vertus chrétiennes, en préparant les masses à « la pratique de l'égalité et de la fraternité evangélique (1) », il régénéra la société. La plus féconde transformation sociale que le monde ait vue depuis le Calvaire, c'est le Poverello de l'Ombrie qui la réalisa. Renan lui-même proclame « qu'après le christianisme, le mouvement franciscain est la plus grande œuvre populaire dont l'histoire se souvienne ». Si l'on examine avec attention les phases et les multiples conséquences de ce mouvement, on conviendra que celui auquel on le doit a fait infiniment plus pour le bonheur réel de l'humanité que tous les philantrophes. Enfin, si l'on étudie la psychologie religieuse de ses enfants, on reconnaîtra que le saint poète fut encore éminent en cet art de former, de modeler des âmes que saint Grégoire appelait *ars artium*.

« Gardez la crainte du Seigneur et la stabilité dans son amour », avait recommandé le saint à ses « chers enfants » quand il sentit sa dernière heure venue. Il

(1) Encyclique *Humanum genus*.

fut scrupuleusement obéi. Ses fils ont suivi son idéal, avec une fidélité que les dissentiments des XIIIe et XIVe siècles n'altérèrent presque pas. Les temps étaient fort troublés quand ils commencèrent leur mission de paix, la tâche qu'ils devaient accomplir était ardue ; mais la charité, l'humanité et la suavité de leur Père les animaient. A son instar, quand ils avaient prêché aux foules, ils s'adressaient aux individus, offrant leur arbitrage aux parents désunis, aux amis devenus adversaires, aux antagonistes exaspérés. Partout où il y avait quelque réconciliation à tenter, un bien moral à faire, des consolations à donner, on les rencontrait. «... Portez tout le monde à la bénignité, à la concorde, à l'union, leur avait dit François au chapitre général de 1216. Guérir les blessés, consoler ceux qui pleurent, ramener les pauvres égarés, voilà votre vocation. Il en est qui paraissent être les membres du diable et qui seront un jour les Disciples de Jésus-Christ. » Partout où les querelles de parti s'envenimaient, où des désordres étaient à craindre, ils apportaient leur médiation avec une bonne grâce constante, *gaudentes in Domino*. Et, plus d'une fois, ils réussirent à protéger les faibles contre l'oppression des forts.

CHAPITRE II

L'ŒUVRE DU SAINT CONTINUÉE PAR SA FAMILLE

Le Père Séraphique ne devait jamais cesser d'avoir dans sa famille, malgré les difficultés des temps, de dignes continuateurs. Aussi son œuvre, triomphant de tous les obstacles, s'est-elle développée sans interruption à travers les siècles. Tandis que des docteurs et des savants aux noms évocateurs d'admirables travaux, Alexandre de Halès, saint Bonaventure (1), Duns Scot, le B. Jean de Parme, Roger Bacon, le B. Raymond Lulle, saint Pierre d'Alcantara, ajoutent à la haute culture, enrichissent l'esprit humain, se font écouter des élites ; des apôtres, des ouvriers d'amélioration sociale, voire des hommes d'État, s'appliquent à spiritualiser, à pacifier, à sauvegarder les masses, à refouler l'erreur, à réprimer les excès.

C'est d'abord saint Antoine de Padoue, théologien doublé d'un tribun, qui s'élève contre toutes les tyrannies, apostrophe les Eccelinos avec une bravoure que rien n'émeut, objurgue les mauvais clercs et maintient parmi ses frères le respect de l'observance. A l'exemple de l'Assisiate, il parcourt l'Italie, prêchant la miséricorde, la mansuétude, rappelant à la foi, et pour conquérir les infidèles, il va jusqu'en Afrique. Mais sa vie est maintenant trop connue en France pour qu'il soit utile d'insister (2). De l'autre côté des Alpes, saint Louis, fils de Charles II, comte d'Anjou et de Provence, qui avait préféré la bure des Mineurs au trône de ses ancêtres, édifie le diocèse de Toulouse par ses vertus et le charme par sa juvénilité gracieuse.

Au XIV⁰ siècle, quand saint Bernardin de Sienne se mit à l'œuvre, des dissensions ensanglantaient de nouveau la terre italienne, il les apaisa ; des âmes

(1) Saint Bonav. inspira à Raphaël une figure suavement grave (*Dispute du saint Sacr.*) et à Zurbaran quatre œuvres des mieux expressives : *Le saint en prière*, (mus. de Dresde) *Le saint montrant le Crucifix* (mus. de Berlin), *Le saint présidant un chap. et les funérailles du saint* (Louvre).

(2) Ce saint, qu'embrasait une si mâle énergie, n'a pas encore été représenté d'une manière satisfaisante en peinture et en sculpture. L'une de ses images les moins vulgaires est celle de Ribera (Madrid, ac. de saint Fernando).

tiédissaient, il les raviva. Il semblait à tous que saint François lui-même revivait en ce prédicateur infatigable (1). Très souvent, Bernardin parlait en chaire pendant quatre heures et parfois davantage ; néanmoins, il se faisait écouter. A Milan, au premier carême qu'il prêcha, nous apprend un de ses contemporains, Maphæus Vegius, ses sermons remuèrent si profondément les consciences que la foule des pénitents courant aux églises pour se confesser donnait l'impression d'une fourmilière en activité. « *Concurrebant ad. ecclesias instar formicarum* ». Au second carême, les Milanais se pressaient plus nombreux encore autour du saint. La population était comme arrachée de ses foyers, « *quasi evulsa sedibus suis* », dit Bernabœus Senensis. Bernardin acquit bientôt une telle influence qu'il mit fin aux discordes, au moins pour quelque temps, à Bergame, à Brescia, à Vicence, dans la Vénétie et jusqu'en Carinthie. Il obtint d'excellents résultats aussi à Crema, à Pérouse, à Rome, à Sienne, dont il calma les habitants qui voulaient marcher sur la Ville Eternelle, à Treviglio et à Caravaggio, cités qu'il empêcha de se combattre et qui s'empressèrent d'appeler « champ de la paix » l'espace où il venait de les haranguer. Il détruisit la passion du jeu à Bologne et ruina si bien la corruption des mœurs à Florence qu'il fit, selon le mot de Vespasiano da Bisticci, renaître cette ville (2). En maints endroits, il substitua les associations de charité aux ligues de partis, touchant jusqu'aux cœurs « durs comme la pierre » (3), car « un fleuve immortel de

(1) Un de ses historiens le dépeint *semper docens, semper instans, semper insudans, semper ad Dei amorem omnium animos incitans.*

(2) Il amena même les Florentines à brûler sur un bûcher, comme l'avaient fait les Bolonaises, leurs futilités et leurs instruments de coquetterie.

(3) *Miscellanea franciscana*, t. V, p. 33-34.

2

divine éloquence », pour parler comme le camaldule Ambrogio Traversari, coulait de sa bouche infiniment douce (1). Aussi les autorités se virent-elles obligées moralement à seconder, par des réformes, l'œuvre sociale du prédicateur (2). Partout enfin il accomplit des merveilles en propageant la dévotion au saint nom de Jésus (3). « Je ne puis assez admirer et glorifier un homme d'avoir été à lui seul le salut de tant de peuples », s'écriait Maphæus Vegius en parlant de notre bienheureux ; c'est ce que l'histoire répètera.

De même que Bernardin avait continué saint François, de même Jean de Capistran et Jacques de La Marche continuèrent Bernardin.

Evangélisateur véhément et infatigable, lui aussi, saint Jean de Capistran porta les paroles de vie en Allemagne, en Bohême, en Pologne, en Transylvanie et jusqu'en Russie. Et quand les Turcs de Mahomet II se ruèrent sur Belgrade, il accourut, malgré son grand âge et son épuisement (4), à l'armée de Jean Hunyade, releva les courages et, le crucifix en

(1) *Ambrosii Traversanii Epistolæ et Orationes*, Flor., 1759, lib. II, 41.

(2) Voir le beau livre de M. THUREAU-DANGIN : *Saint Bernardin de Sienne*, p- 105-106 et p. 127-128.

(3) La confrérie qu'il institua en l'honneur de ce saint nom devait compter plus tard, parmi ses membres les plus zélés, saint Ignace de Loyola, et l'Eglise où elle fut fondée devint celle du Gésu. Sano di Pietro a représenté saint Bernardin tenant entre ses mains la planchette de son invention où se lisent les lettres sacrées IHS (Dôme de Sienne, vestibule de la salle capitulaire).

(4) Le saint avait alors soixante-dix ans et voici le portrait qu'en trace Æneas Sylvius : « Pusillum corpore, siccum, aridum, exhaustum, solâ cute nervisque et ossibus compactum, lœtum tamen et in labore fortem. » Il mourut peu après la délivrance de Belgrade, des suites de l'épidémie provoquée par les cadavres ennemis.

main, marcha contre les assaillants. On le vit tou-jours, résolu, enthousiaste, encourageant les guer-riers, aux postes les plus périlleux. Si l'ennemi plia, puis s'enfuit en déroute, ce fut beaucoup grâce à ce Tyrtée chrétien.

Saint Jacques de La Marche convertit par milliers les schismatiques en Bohême et les hérétiques en Prusse, en Autriche et en Hongrie. Dans les pays scandinaves, où l'avait entraîné son zèle pour le salut des âmes, plus de deux cent mille idolâtres reçurent de sa main le baptême.

Au xve siècle, un saint passionné pour les bonnes œuvres et remarquablement organisateur, Bernardin de Feltre, couvre l'Italie d'associations pieuses et charitables, de monastères, d'écoles et d'hôpitaux. Il élève des églises, multiplie les hospices d'enfants trou-vés et propage l'institution des monts-de-piété que venait de fonder le P. Barnabé, de Turin. Ainsi sauve-t-il de l'usure une multitude de travailleurs auxquels les banques juives ne prêtaient qu'à vingt ou trente pour cent (1). Pendant que ces saints se dépensaient en ces divers travaux, leurs frères déployaient un zèle inouï pour atténuer les funestes effets du grand schisme d'occident ; sans leur active sollicitude, les Grecs, les Maronites, les Arméniens et les Jacobites ne seraient probablement pas venus au concile de Florence et la secte des Fratricelles n'eut pas été ruinée.

L'Espagne, dans la seconde moitié du xve siècle et

(1) Au début, les monts-de-piété furent des établissements de crédit purement charitables. Les fonds abondant grâce aux dons des personnes généreuses, on y prêtait sur gages sans intérêt aux débiteurs insolvables que menaçaient leurs créanciers. C'est pour-quoi les Franciscains les propagèrent dans toute l'Europe. Ceux que fonda saint Bernardin de Feltre ruinèrent plusieurs des ban-ques appartenant aux usuriers. Cf. le remarquable ouvrage du P. Ludovic, *Saint Bernard de Feltre*, (Œuv. de saint Franc. d'Ass,)

au début du xvie, resplendit de la gloire d'un Frère Mineur qui, sous la pourpre cardinalice, sut rester un vrai moine. François Ximénès, de Cisneros, s'appliqua de toutes ses forces à convertir les Maures de la terre ibérique, et, par sa diplomatie autant que par ses prédications, il obtint d'importants résultats dans le royaume de Grenade. Puis, enhardi par ce premier succès, il conçut le projet d'aller ruiner l'Islam en Afrique même. Ayant, avec l'assentiment de Ferdinand V, organisé une expédition, il la dirigea, quoiqu'il eut alors soixante-dix ans, et réussit à s'emparer d'Oran où il installa des Espagnols. Mais il devait réaliser une œuvre autrement plus belle et plus féconde lorsque, sept ans plus tard, il fut nommé régent de Castille. Tout en accomplissant maintes réformes dans les divers services publics et les finances, il fonda l'Université d'Alcala pour encourager les hautes études, réunit une précieuse collection de manuscrits arabes et mozarabiques, et chargea quelques savants d'établir l'énorme Bible polyglotte qui devait coûter plus de douze ans de travail. Enfin, sa politique, toute de sagesse et de charité, amena les grands d'Espagne à cesser leur opposition ; et, grâce à son génie autant qu'à ses vertus, il ne fut pas nécessaire de recourir aux impôts pour éteindre les dettes de la couronne. François Ximénès est regardé comme un homme d'état supérieur, mais il fut plus grand encore en conservant, au sein de grandeurs fort dangereuses pour l'humilité, l'esprit de saint François d'Assise (1).

A la fin du xvie siècle, saint Laurent de Brindes, l'éminent linguiste, cause de nombreuses conversions parmi les juifs de Rome, puis en Allemagne où, par sa connaissance approfondie des textes sacrés, il ramène aussi force protestants à la vraie religion. Quand Ma-

(1) La cause de béatification de Ximénès a été introduite auprès du Saint-Siège.

homet III menace la Hongrie, c'est à cet apôtre, dont la bravoure égale la science, que l'empereur fait appel pour réveiller dans la chrétienté les énergies et les saints enthousiasmes. Bientôt une armée est levée et notre prédicateur, qui la suit comme aumônier, en a très vite conquis les sympathies. Il communique un peu de son ardeur et de sa confiance aux hommes, de telle sorte qu'il devient une sorte de général sur le champ de bataille. A cheval, et brandissant sa croix comme un labarum, il les mène à l'ennemi. Pendant toute une semaine, les rencontres se succèdent sans que l'un des adversaires l'emporte sur l'autre. Mais Laurent ne cesse d'exalter la foi des combattants et de soutenir leur courage ; Allemands, Italiens, Français, il s'adresse à tous, les exhorte tous en leur langue, et, le huitième jour, s'élançant à leur tête, nouveau Capistran, il leur assure la victoire. L'intrépide missionnaire n'était pas de ceux qui connaissent le repos ; dix ans après, il partait en guerre contre les Maures d'Espagne avec don Pedro de Tolède et, là encore, les armes chrétiennes lui devaient un triomphe. Seule, la mort devait l'arrêter.

Pendant ce temps saint Fidèle de Sigmaringen évangélisait le canton des Grisons, où l'avait envoyé la sacrée congrégation de la Propagande. Et il apporta tant de charité, de bonté, d'abnégation dans l'accomplissement de son œuvre que les Suisses l'auréolèrent du titre de *Père de la patrie* quand les Calvinistes, que ses succès enrageaient, l'eurent assassiné à Sevis.

Soixante ans plus tard environ, un second Laurent, le P. Marc d'Aviano, nonce apostolique auprès de Jean Sobieski, assistait ce héros dans sa campagne contre les Ottomans de Kara Mustapha et l'aidait à dégager Vienne.

Tandis que les Franciscains d'Italie disputaient

l'Allemagne aux hérétiques, leurs frères d'Espagne se lançaient à la conquête spirituelle des peuplades du nouveau monde, et saint François Solano arrachait des légions d'âmes au paganisme dans le Paraguay, le Tucuman et le Pérou. Le divin sacrifice fut offert pour la première fois sur le sol américain par un Frère Mineur, le P. Jean Pérez de Marchena. Et c'est un de ses frères de France, le P. Bernard Cousin qui, le premier, y donna son sang pour le divin Crucifié. Partout où des navires chrétiens abordaient, de vaillants missionnaires apportaient les lumières de l'Evangile et se sacrifiaient pour féconder les terres infidèles. A partir du xvie siècle, la famille franciscaine, déjà représentée aux Açores, aux Canaries, à Madère, au Cap Vert, au Mozambique, étend des ramifications aux Indes orientales, en Chine, aux Philippines, au Japon. Et c'est là, qu'en 1630, le P. Apollinaire et ses quarante compagnons trouveront la béatification avec le martyre.

En France, depuis le xve siècle, les Franciscains avaient dû combiner leurs efforts contre l'hérésie, et la foi n'avait pas eu de plus fermes défenseurs. Parmi les quatre-cent cinquante-cinq Frères martyrisés par les protestants, il y eut deux cents Français. Le P. Olivier Maillard, vrai tribun de la chaire, à la fougue et aux cris de prophète, au langage embrasé, s'était particulièrement distingué dans cette lutte opiniâtre(1). Au xvie siècle, le P. Ange de Joyeuse, soldat devenu capucin, avait tenu en échec les huguenots jusqu'à l'abjuration d'Henri IV.

Au début du xviie siècle, le P. Joseph, que sa collaboration avec Richelieu couvrit de gloire et de calomnie, déploya toutes les ressources d'un rare génie

(1) Sur ce Franciscain, cons. le livre de M. l'abbé Samouillan : *Olivier Maillard, sa prédication et son temps.*

pour conjurer le péril protestant (1). C'est à lui que l'on doit la prise de La Rochelle, la conquête des Cévennes et du Béarn, c'est encore à son extraordinaire énergie que l'on doit les missions du Levant. Il avait conçu le plan d'une moderne croisade pour en finir avec l'Islam. Mais quel prince chrétien eut osé l'entreprendre ? Le P. Joseph dut se contenter d'établir des stations apostoliques en Syrie, dans le Liban, en Perse, en Géorgie, en Ethiopie, en Thrace, en Grèce, en Macédoine et en Epire. Et sans doute faut-il s'en féliciter ; les missions feront toujours plus que des armées. Comme le cardinal Ximénès, le capucin diplomate pratiqua les vertus franciscaines avec une intense piété et les soucis de son rôle politique ne lui firent jamais négliger l'action spirituelle (2).

Au xviiie siècle, l'Italie put se croire, un instant, aux beaux jours de saint Bernardin de Sienne, grâce à l'apostolat de ce Léonard de Port-Maurice que Bossuet appelait un « sublime ignorant ». Peu d'orateurs sacrés émurent leurs auditeurs comme ce saint, qui spiritualisa, d'autre part, un nombre immense d'âmes en propageant la dévotion au *chemin de croix*.

Quand ils n'eurent plus leur vie à donner pour la défense de la foi, les Franciscains continuèrent de se sacrifier au moment des épidémies. Pendant les terribles pestes, surtout à Milan et à Marseille, ils se succédèrent auprès des moribonds comme des soldats à quelque poste d'honneur. Dans ses Lettres patentes

(1) Les Capucins qui travaillaient alors à la conversion des huguenots n'usaient pas seulement des controverses publiques et privées ; ils avaient fréquemment recours aux exercices des Quarante Heures et à la représentation des Mystères douloureux de Notre-Seigneur.

(2) Par ses soins, des missionnaires furent envoyés en Angleterre et au Canada. Sur ses conseils, Mme Antoinette d'Orléans fonda la Congrégation de N. D. du Calvaire, vouée à l'adoration perpétuelle de Jésus en croix. Et il prit une part importante à la réforme de Fontevrault.

accordées aux capucins en 1662, Louis XIV reconnaît
que deux cent soixante-dix-huit d'entre eux trou-
vèrent la mort en soignant les pestiférés dans divers
endroits. Vers le même temps, et pour les mêmes
causes, quatre-vingts capucins meurent en Franche-
Comté, et d'autres dans les provinces non encore an-
nexées à la France. En 1720, cent seize succombent
dans le midi. En 1870-71, beaucoup meurent de la va-
riole contractée au chevet des soldats atteints de ce
mal. Et partout, aux heures d'épreuves et de deuils,
à présent comme jadis, on trouve les fils du Mendiant d'Assise prêts à tous les sacrifices.

L'Ordre des *Pauvres Dames*, la seconde fondation
de saint François, ne contribua pas moins que celui
des Frères Mineurs à sanctifier les âmes et à purifier
les mœurs. A Florence, à Sienne et dans beaucoup
d'autres villes, le luxe et l'indécence des vêtements
féminins étaient devenus tels qu'il avait fallu recourir
aux lois somptuaires, mais on n'en tenait pas compte.
Le rayonnement des filles du Poverello fit ce que les
lois n'avaient pu faire. L'Ordre nouveau eut même
une réelle action sociale grâce à sainte Claire, dont
l'heureuse influence s'étendit sur plusieurs princesses,
entre autres sur la reine Sancie de Naples. Quant
à son action spirituelle, elle fut intense ; « à l'ombre
de ses monastères, dit le P. Léon, germaient les plus
belles vertus : c'est sainte Agnès, sœur de la glorieuse
mère sainte Claire ; ce sont les bienheureuses Isabelle de France, Salomé, reine de Galicie, Cunégonde
et sa sœur Yolande, filles du roi de Hongrie, Agnès,
fille du roi de Bohême, Philippa de Maréri, Mathie
de Nazzaréi, Marguerite Colonna, Hélène de Padoue,
Claire de Rimini..., dont le Seigneur manifesta la
sainteté par des miracles et que l'Eglise a placées sur
les autels (1) ».

(1) L'*Auréole Séraph.*, p. 120.

Dans le monde, chacun vénérait les religieuses
dont les prières avaient protégé Assise contre les
bandes de Vitalis de Averso et, de plus, on admirait
celle qui, par une sainte audace, avait sauvé son monastère. On saluait en elle la digne fille spirituelle du
Père Séraphique. Et vraiment, Claire n'était-elle pas
guidée par cette amoureuse confiance en Notre-Seigneur qui distinguait François, n'obéissait-elle pas à
son esprit quand elle s'empara de l'ostensoir et de
son eucharistie pour le braquer sur les soudards qui
se préparaient à forcer les portes de Sainte-Marie-des
Anges.

Il ne manquait à l'Ordre des *Clarisses* que la con-
sécration du martyre, il la reçut dès le XIIIᵉ siècle.
Soixante religieuses furent massacrées par les Tartares
près de Cracovie en 1259 ; et celles du monastère de
Ptolémaïs succombèrent sous le glaive des Sarrasins
en 1292.

Deux siècles plus tard, l'auréole de la famille de
sainte Claire se mit à pâlir, mais l'intense sainteté de
Colette la picarde et de Catherine la bolonaise ne
tardèrent pas à lui rendre sa splendeur primitive.

La fondation du Tiers-Ordre des frères de la pénitence, destiné à réunir les hommes et les femmes de
tout âge et de toute condition, acheva de faire péné-
trer dans les différentes classes l'esprit d'amour et de
charité fraternelle dont François était magnifique-
ment rempli. Les conversions du marchand Luche-
sio et de sa femme Bona-Donna qui demandaient à
changer de vie, et, d'autre part, l'enthousiasme religieux des gens de Savurniano lui avaient inspiré l'idée
de cette œuvre. Il fallait une règle de vie à ces âmes
conquises à Jésus, le Père Séraphique la leur donna.
Ainsi maintint-il dans la pratique des vertus les disciples qu'il se faisait dans le monde, ainsi les disci-
plina-t-il pour assurer le développement de leur piété.

La doctrine du « pontife des biens futurs » s'en trouva plus intégralement pratiquée chez les laïques, sans que, pour cela, nous fait remarquer Léon XIII, les liens de la famille et de la société fussent rompus (1); et, rapprochées de la sorte par l'amour du Sauveur, toutes les classes apprirent à fraterniser. L'œuvre de spiritualisation se complémenta tout naturellement d'une œuvre de civilisation, de régénérescence sociale. Le tiers-ordre, explique le P. A de Chérancé, n'est ni une congrégation, ni une confrérie, mais « une société spirituelle permanente ». En l'établissant, saint François « tentait d'introduire la vie religieuse jusqu'au sein du foyer domestique, jusqu'au chevet du lit nuptial. La conception était neuve ; cependant, elle répondait si bien au besoin du temps qu'on l'accueillit avec un enthousiasme indescriptible (2) ». Et comme, pour faire partie de cet Ordre, il fallait restituer le bien mal acquis et se réconcilier avec ses ennemis, comme il fallait, en outre, renoncer à porter des armes, sauf pour la défense de la patrie, ce fut tout de suite un moyen très efficace d'apaisement. L'Italie était ensanglantée, troublée sans cesse par les querelles, les rivalités de partis, et ceux dont la vengeance armait le bras, n'hésitaient jamais à saccager une contrée ; le tiers-ordre, en se propageant, ne contribua pas peu à mettre un terme, au moins temporairement, à ces sauvageries. Il aida plus encore à la sanctification des âmes en popularisant la vie religieuse. Quiconque voulait vivre en chrétien entrait dans la milice séraphique ou dans celle des Frères Prêcheurs, et avec une vive allégresse. « On ne croyait plus qu'il fallût fuir du monde pour s'élever à l'imi-

(1) Encyclique *Auspicato*.

(2) *Saint François d'Assise*, publié par les soins des P. de Chatel, de Porrentruy et de l'Abbé Brin, S. S. 1re part., *Vie*, par le R. A. de Chérancé, p. 164.

tation des saints; toute chambre pouvait devenir une cellule et toute maison une thébaïde (1). »

Le tiers-ordre fut, au XIIIe siècle, le levain de la société chrétienne en Italie et l'embryon d'une renaissance spirituelle qui rayonna bien au-delà des Alpes. Dans le peuple et la classe moyenne, il recruta d'innombrables adhérents, parmi lesquels quelques figures d'une originalité et d'une beauté morale peu communes. Sainte Rose de Viterbe, l'angélique enfant dont la prédication prophétique et les harangues tribunitiennes gênèrent tellement Frédéric II qu'il l'exila quoiqu'elle n'eut que treize ans ; saint Pierre de Sienne, le modèle du bon citoyen ; sainte Marguerite, la pénitente de Cortone ; sainte Angèle Merici, qui fonda les Ursulines ; sainte Colette, de Corbie (Picardie), la réformatrice des Clarisses, dont l'œuvre ne contribua pas peu à préparer les voies à Jeanne d'Arc et dont les conseils facilitèrent singulièrement le traité d'Arras de 1435 (2). Jeanne d'Arc enfin, qui ne fut peut-être pas tertiaire, mais qui reçut, tout permet de le croire, une formation franciscaine et se trouva, au moins dans les dernières années de sa vie, en rapports avec des Frères Mineurs (3). Ces derniers avaient embrassé avec énergie la cause de

(1) Lacordaire, *Vie de saint Dominique*, t. 310.

(2) Cette sainte étonnante, qui fut un véritable directeur spirituel pour la duchesse de Bourgogne, avait mis tous ses soins à réconcilier Philippe le Bon et Charles VII.

(3) Ces rapports, M. Siméon Luce les a constatés dans une étude parue à la *Revue des Deux-Mondes* (1er mai 1881). Il a reconnu que les Franciscains paraissent avoir exercé une influence prépondérante sur la nature de la dévotion de Jehanne, et, dans une certaine mesure, sur l'éveil de sa vocation patriotique. Il est infiniment probable en effet, que la dévotion de la vaillante enfant aux noms de Jésus et de Marie avait une origine franciscaine. Voir sur Jeanne d'Arc : SIMEON LUCE, *J. d'Arc à Domrémy*. P. 1886, et la *Revue Franciscaine* de novembre 1882, décembre 1887 et février 1888.

l'indépendance et l'un d'eux, le P. Richard, venait de soulever la Champagne par sa vibrante éloquence quand la Pucelle se dirigea vers Reims. Elle rencontra ce prédicateur sous les murs de Troyes, et celui-ci se joignit à son entourage, c'est un témoin oculaire qui l'atteste, l'*anonyme de la Rochelle*. Sans doute, Jehanne, dans sa marche sur Moulins, fit-elle aussi, un peu plus tard, la connaissance de sainte Colette.

Les patriciens et autres privilégiés accoururent aussi vite au tiers-ordre que les gens de condition modeste. Pica, la propre mère de saint François (1) et une noble dame romaine, Giacoma dei Settesoli, furent des premières affiliées (2). Bientôt cette catégorie de pénitents eut des saints : le B. Torello de Poppi, qui sacrifia tout à la vie érémitique, Elzéar, comte d'Asian, sa femme, la B. Delphine de Glandèves, Conrad de Plaisance, la B. Angèle de Foligno, que ses extases identifiaient à la douleur du divin Crucifié, sainte Françoise, la prodigieuse pénitente de Rome, à laquelle on doit les oblates bénédictines, la B. Louise Albertoni, soutien des jeunes filles sans ressources, que ses aumônes réduisirent à l'indigence, la B. Paule Gambara qui, par d'implacables austérités, fit de son corps une hostie vivante. Et la liste serait longue s'il fallait l'établir intégralement.

D'éminents personnages, rois, reines, princes, docteurs, poètes, artistes, tinrent à honneur de devenir tertiaires. En Italie, Dante Alighieri (3), Cimabué,

---

(1) Pica était de noble extraction. Selon certains, elle descendait des Bourlemont, de Provence. Un ancien manuscrit conservé dans les archives de cette famille le prouvait, assure le P. Cl. FRASSEN dans la *Régle du t. o. expliquée*, Paris, 1703. Mais il est devenu impossible de contrôler ce dire.

(2) C'était la femme d'un sénateur. Elle fit élever le premier couvent franciscain de Rome (*San Francesco a Ripa*) et ses bienfaits lui valurent le titre de mère de l'Ordre.

(3) L'incomparable poète est représenté avec l'habit du tiers-or-

Giotto, Pétrarque, la reine Sancie, dont les vertus édifièrent la cour de Robert d'Anjou, Michel-Ange, Christophe Colomb (1), Palestrina. En France, Blanche de Castille et ses pieux enfants : saint Louis et la B. Isabelle (2), la B. Jeanne de Valois, fondatrice de l'*Annonciade*, et force membres de la famille royale (3). En Espagne : saint Ferdinand, roi de Castille, le B. Raymond Lulle, le docteur illuminé que martyrisèrent les Barbaresques, Charles-Quint, Cervantès, Lope de Vega, Murillo. En Portugal : la reine sainte Elisabeth. En Angleterre : le chancelier Thomas Morus. En Hongrie : la reine sainte Elisabeth, dont l'action spiritualisante influença particulièrement la Thuringe. En Bohême : la B. reine Agnès. En Pologne : la B. Cunégonde, femme du roi Boleslas, et la B. Salomé, d'extraction royale, elle aussi, qui sanctifia la Hongrie et la Galicie. En Suède: la reine sainte Brigitte. En Danemark, le prince Henri

dre dans l'une des fresques allégoriques de la basilique d'Assise (église inférieure).

(1) On a peut-être trop oublié la piété séraphique et les rares vertus du grand navigateur qui fut aussi un apôtre. Rappelons que sa foi sauva d'une trombe la caravelle qu'il commandait (3 déc. 1502) et qu'il accomplit assez d'autres miracles pour que l'on puisse espérer sa béatification.

(2) Isabelle fonda, dans la solitude de Longchamps, un monastère de Clarisses et y prit le voile. Louis, qui se sentait attiré vers l'ordre des Fr. Mineurs, ne resta sur le trône que par devoir. Il avait eu, au nombre de ses précepteurs, le P. Pacifique, premier provincial de l'Ordre en France. Dans les circonstances exceptionnelles, le fils de la pieuse Blanche se montrait sous l'habit du tiers-ordre ; en temps ordinaire, il le portait sous ses vêtements royaux. Une miniature de l'*Armorial* d'Auvergne (1450), œuvre de G. Revel, représente le saint roi en Franciscain (Biblioth. nationale).

(3) Des princesses, qui ne faisaient point partie du tiers-ordre, voulurent au moins porter la cordelière, signe d'affiliation aux trois ordres. Telle Anne de Bretagne, qui donna l'idée de figurer dans les armoiries, comme un motif de décor, le cordon franciscain.

qui ne voulut jamais ceindre la couronne ni régner. N'est-elle pas éloquente, cette simple énumération.

Partout où pénétrèrent les fils du Mendiant d'Assise, le tiers-ordre s'acclimata. Grâce aux premiers missionnaires, il s'était étendu jusqu'en Chine et dans le Nouveau-Monde. C'est là qu'au XIXe siècle on relève, parmi ses membres, le nom d'un chef d'Etat, celui du vénéré Garcia Moreno, qui fut président de la république de l'Equateur.

Enfin, ouvert aux prêtres séculiers comme aux laïques, le tiers-ordre réunit dès le début une phalange de clercs dont l'importance n'a fait qu'augmenter à travers les siècles. Et beaucoup l'illustrent par leur sainteté ou leur haute valeur: saint François de Paule, le fondateur des Minimes, saint Charles Borromée, saint Ignace de Loyola, le cardinal Bellarmin, saint François Caraccioli, père des Minorites, le mystique Olier, saint Vincent-de-Paul, le cardinal de Bérulle, auquel on doit l'établissement des Oratoriens en France, saint Paul de la Croix, qui institua les Passionnistes, Monseigneur Pie, Monseigneur de Ségur, le Curé d'Ars, Pie IX, Monseigneur Freppel, Dom Bosco, Léon XIII.

Au XIIIe siècle, en Italie, le tiers-ordre de saint François agissant de concert avec celui de saint Dominique, refréna les hérétiques qui cherchaient à soulever les milieux populaires et fit échouer les projets impies de l'empereur d'Allemagne. Le Saint-Siège lui dut en grande partie le triomphe de ses droits. Aux siècles suivants, le tiers-ordre franciscain ne cessa de lutter pour l'abolition du servage et l'émancipation des communes. Les oppresseurs féodaux n'eurent pas de plus vigoureux adversaires que lui, le peuple n'eut pas d'ami plus dévoué, plus fidèle. Grâce aux tertiaires, les hôpitaux, les orphelinats se multiplièrent et l'on vit naître les premières institutions de crédit mutuel (1). D'autre part, leurs succès firent surgir maintes congrégations et associations pieuses au plus réel avantage de la moralité publique.

En France, le tiers-ordre combattit énergiquement, au XVe siècle, pour l'indépendance nationale, et, au XVIe, pour la défense de l'Eglise ; sous Louis XIV, il soutint une lutte plus difficile encore, car il lui fallut faire face à quatre ennemis redoutables : le gallicanisme, l'absolutisme royal, le jansénisme et le philosophisme (2). En Angleterre, sous la conduite de Thomas Morus, il présenta une héroïque résistance aux attaques d'Henri VIII et des luthériens. En Espagne, au siècle dernier, il travailla de toutes ses forces à repousser l'invasion étrangère.

De nos jours, les tertiaires n'ont rien perdu de leur ardeur, on les trouve toujours prêts aux bons combats dès que la Religion court un danger. Si le Kulturkampf a dû prendre fin en Allemagne, si le satanisme n'a pu conquérir l'Italie, si la maçonnerie et le socialisme n'ont pas encore gangrené complètement les travailleurs de France, on le doit beaucoup à ces enfants de l'Assisiate. Ils ont montré que leur famille était vraiment appelée, selon les paroles du saint curé d'Ars, « à ranimer l'esprit du christianisme » aux heures de luttes et de persécutions. Cette famille compte actuellement deux millions de membres et tous les catholiques doivent souhaiter qu'elle se développe davantage. Notre Saint-Père, dans quatre bulles et maintes allocutions, a d'autant plus vivement recommandé le tiers-ordre qu'il le regarde comme capable de vaincre les sectes impies qui contaminent les sociétés modernes. Aussi déclare-t-il, en son encyclique

---

(1) Cf. Fréd. MORIN, *Saint François et les Franciscains.*
(2) Cf. Léon PATREM, *Tableau synoptique de l'hist. del'Ordre séraph.* (Edit. de saint Paul).

Humanum genus, qu'il faut apporter « le plus grand zèle à le propager et à l'affermir ».

Les divers fractionnements de la famille franciscaine, « loin de nuire à son expansion, n'ont servi qu'à la favoriser, et la sainteté, cette fleur divine, s'y est épanouie de plus en plus, témoins les deux cent cinquante-deux élus de Dieu qu'elle a donnés au ciel et que l'Eglise a placés sur les autels (1) ». Depuis qu'ils existent, les ordres issus du foyer d'Assise ont travaillé, l'histoire le relate, avec une vigueur, une abnégation, une persévérance inouïes, non seulement au salut des âmes et à leur développement spirituel, mais encore à la civilisation des esprits, au progrès social sous toutes ses formes. Quelle époque n'a vu leur dévouement à l'œuvre ! Quel pays s'est passé de leurs services ! En tous lieux, les Frères Mineurs ont été et restent, malgré les pires hostilités et les plus viles vexations, les pères du peuple au vrai sens du mot, car ils sont ses éducateurs en même temps que ses bienfaiteurs. La charité ayant toujours une action sociale, leur milice eut jadis, par ses innombrables bonnes œuvres, un rôle politique immense ; elle prépara les travailleurs à la conquête des libertés publiques, et, mieux encore, à goûter les avantages de ces libertés. Quelle action bienfaisante n'exercerait-elle pas en notre temps de haine sociale si les sectaires impies ne s'ingéniaient à déchristianiser les classes populaires.

Au temporel comme au spirituel, le sort des déshérités n'a jamais laissé indifférents les fils du Poverello. Après avoir défendu les libertés individuelles et communales contre la féodalité et le despotisme seigneurial, ils se sont appliqués à favoriser le développement de l'association coopérative et de l'assis-

---

(1) P. Léon, *L'Auréole séraph.* VII. p, 202.

tance mutuelle. Fidèles à leur tradition, ils n'ont cessé d'améliorer, autant qu'ils le pouvaient, la condition des prolétaires, de protéger le travail chrétien.

Quant à leur rôle moralisateur, les faits ne le proclament pas moins, et sans qu'il soit besoin de remonter très loin dans le passé. La lutte la plus importante, la plus efficace contre l'alcoolisme, c'est un capucin irlandais, le P. Mathew, qui en a été l'initiateur. A Cork, au début du xixᵉ siècle, sa première société de tempérance réunit huit cent mille adhérents en moins de trois mois et, quelques années après, elle en comptait des millions. Aussitôt des sociétés analogues prirent naissance dans les autres villes d'Irlande, puis dans celles d'Ecosse et d'Angleterre. Le P. Mathew fut alors appelé aux Etats-Unis et le pasteur Channing ne tarda pas à déclarer que cet apôtre de la tempérance y méritait une place à part « au-dessus des politiques et des héros ». On lui devait une croisade, selon le mot du cardinal Wiseman ; nos contemporains savent que, sans elle et sans ses conséquences salutaires, les ravages du fléau seraient aujourd'hui terrifiants. Et que de Franciscains sont morts à la peine sans laisser de nom ! Qui dira jamais l'œuvre de régénérescence accomplie par ces apôtres obscurs !

CHAPITRE III

L'INFLUENCE DU SAINT SUR LA POÉSIE ET LA LITTÉRATURE

L'apôtre en François n'était pas peu servi par le poète. Et quoique l'on ne puisse lui attribuer que le *Cantique du Soleil* et l'*Amor in foco mi mise*, il n'est

pas exagéré de prétendre qu'il fut le plus artiste des
saints. Une œuvre suffit, en effet, pour révéler des
dons d'artiste suprême ; encore le sentiment des harmonies peut-il tenir lieu d'œuvre s'il se développe en
un *moi* au point de compénétrer la vie morale, de se
refléter dans les actes, d'embellir la spiritualité. C'est
par la culture de ce sentiment que l'on affirme en soi
la perception des beautés extérieures, la vision du
beau. Or, ce sentiment était devenu d'une délicatesse
extrême en le *Poverello*, sa formation littéraire ayant été
toute provençale, comme celle de ses contemporains
les plus cultivés (1). Nul ne connaissait mieux que lui,
dans l'Ombrie, les romans de chevalerie, les fabliaux
du pays de France et les sirventes des troubadours
provençaux. Une fois égal à ces derniers dans la connaissance de la poétique, dans l'art littéraire, il leur
fut aussitôt supérieur par sa vision de la nature. Chan-
teurs sensuels, virtuoses tout à la forme, les troubadours ne la voyaient point cette nature ; notre François en sentait la poésie jusqu'à en pleurer. Et c'était
une supériorité ; car l'artiste est fâcheusement incom-
plet s'il reste fermé aux spectacles et aux v ˙ ˙ ˙ de la
Création.

« L'intelligence reconnaît toujours l'intelligence
dans ce monde créé, et, seule, la médiocrité de l'esprit n'aperçoit pas Dieu dans sa création. David trouvait
trop faibles, pour la gloire du Créateur, les accords de
sa harpe et il voulait, pour chanter Dieu, cette grande
voix de la nature qui ne rejette, pour les partitions de
ses harmonies, ni les bêtes, ni les oiseaux, ni les rep-
tiles, ni les monstres et leurs abîmes (2). »

(1) L'influence des troubadours provençaux dominait en Itali
à la fin du xiie siècle. Cf. FAURIEL, *Hisl. de la poésie provenc.*
t. II. Cette formation, assurément bien incomplète, suffisait pour
épurer le goût et rendre sensible à la beauté.

(2) Le biblioph GRANGER de D., *saint Franc. Providence du*

François appartenait à cette catégorie d'imaginatifs, dont le cœur dirige l'imagination. D'autre part, il était, nous l'avons vu, remarquablement intuitif et sensitif. Aussitôt après son retour à Dieu, dès que la piété eut commencé de fleurir dans son âme, de nouvelles grâces rendirent sa vision d'artiste plus pénétrante et mystique au vrai sens du mot. Devenu méditatif, il découvrit mieux que jamais l'invisible à travers le visible, le reflet des délices célestes dans les grâces de *nostra madre terra*. Cet équilibre qui caractérise les œuvres du Tout-Puissant, ces harmonies ineffables qu'elles manifestent ou laissent deviner lui disaient l'eurythmie du Père qui est aux Cieux. Bien plus, il lisait l'amour du *Créateur* pour sa créature dans ces merveilles de structure que présentent toutes choses créées et qui leur assure un rôle utilitaire tout en les revêtant de beauté. La nature l'enchantait comme une symphonie perpétuelle en l'honneur du Très-Haut ; « et il demeurait au centre de ce concert comme un musicien inspiré (1) », transformant tout en adorations brûlantes.

Le *Cantique du Soleil* et le *Cantique de l'amour* sont considérés par la tradition franciscaine comme l'œuvre de François. Ces poèmes ayant été improvisés, puis dictés, F. Pacifique, sur l'ordre même du saint, modifia quelque peu le premier pour en assurer le rythme, et il paraît très probable que le second fut également retouché de cette sorte. L'humilité du Poverello devait le pousser à demander une collaboration de ce genre à ceux de ses fils enrichis du don poétique. Mais quel disciple ne se serait appliqué, en obéissant, à respecter la pensée et le verbe du Père,

---

Moyen âge par l'amour, p. 126. Ozanam montre qu'il n'est n
commun, ni facile d'aimer la nature, d'y chercher des leçons, e
que, seul, le christianisme apprend à la respecter. *Loc cit.*, p. 73
(1) T. de CELANO, *Vita prim.* p. 1, c. XXIX.

du Maître. Ces deux poèmes nous livrent donc bien l'art, le génie et le mysticisme du Chantre d'Assise (1). L'amour le plus pur, le plus dévorant, y brûle comme un encens d'oblation en des vers à parfum de prière. L'esprit de foi candide et de joie juvénile qui vivifie le *Cantique des Trois Enfants* (Daniel, III) anime aussi l'*hymne du Soleil* dans sa partie jaillie d'une première inspiration. Ses images rappellent, par leur beauté virginale, leur simplicité merveilleusement expressive, leur majesté qui s'ignore, celles du *Cantique des Cantiques*, des ch. XXXVIII et XXXIX de Job et des Psaumes CIII et CXLVIII. Les deux derniers versets sont plus particulièrement emplis du souffle évangélique. Ici, la piété se virilise, la parole même de Jésus retentit dans cet épilogue où les exhortations touchant la vie éternelle remplacent les louanges évocatrices.

Quant au *Cantique de l'Amour*, tout embrasé d'ardentes flammes parties du cœur même de notre divin Maître, c'est l'un des plus précieux joyaux de la poésie mystique.

En dépit de sa forme allégorique très médiévale, il émeut intensément, tant les effusions d'amour y vibrent de sincérité.

« Il m'a fendu le cœur et mon corps est tombé à terre. Ces flèches que décoche l'arbalète de l'amour m'ont frappé en m'embrasant. De la paix, il a fait la guerre ; je me meurs de douceur.

« Je me meurs de douceur. Ne vous en étonnez pas. Ces coups me sont portés par une lance amoureuse. Le fer est long et large de cent brasses, sachez-le ; il m'a traversé de part en part. »

On comprend que saint Bonaventure, tout frémissant d'admiration, ait pu comparer le Père de son

(1) Ces deux cantiques se trouvant dans plusieurs ouvrages, nous croyons inutile de les reproduire ici.

Ordre à « cet Ange de l'Apocalypse qui montait d'où
le soleil se lève et qui tenait à la main la marque du
Dieu vivant (1) ». Sainte Gertrude n'aura pas de plus
saints enthousiasmes, saint Jean de la Croix, sainte
Térèse ne trouveront pas des accents plus lyriques (2). Toute la grâce ingénue, toute la fraîcheur
printanière, tout l'arome floral d'une langue à sa
phase d'essai se reconnaissent dans ces deux poèmes
et achèvent de les rendre touchants. L'alliance de
mysticisme et de naturisme que présente l'*Hymne
du Soleil*, le mélange de spiritualité et d'humanité
que l'on relève dans le *Cantique de l'Amour* consti-
tuent l'originalité de l'artiste qu'était notre saint,
et ce seront, à un degré plus ou moins sensible, les
caractères de la poésie franciscaine. Des chants du
saint, il faut dire ce que saint Bernard disait du *Cantique des Cantiques*. « En vain celui qui n'aime pas
écoutera ce cantique d'amour : ces discours enflammés
ne peuvent être compris par une âme froide, cette
langue est étrangère et barbare pour ceux qui n'ai-
ment pas et frappe leurs oreilles d'un son vain et stérile (3). »

Quelques auteurs doutent que saint François ait
composé le *Cantique de l'Amour* ; rien n'a confirmé
leur opinion, mais quand elle se trouverait justifiée

---

(1) *Saint Bonav.*, cap. XIII. Dante usera d'une image analogue
en parlant de la patrie du *Santo*. « Or, que celui qui veut parler de ce lieu ne l'appelle point Assise, car ce nom ne dirait pas
assez ; mais qu'il l'appelle orient, s'il veut s'exprimer juste. »
Notons qu'*Ascesi*, parfait du verbe ascendere (monter) réalise une
heureuse image en italien.

(2) Ozanam pense que saint François composa ce poème après
avoir reçu les stigmates sacrés sur le mont Alvernia, alors qu'il
était encore inondé d'effluves divins. On peut certes l'admettre
et répéter avec l'auteur des *Poètes franc.* que le cantique « semble
écrit dans le feu des ravissements divins » *Loc cit.*, p. 87.

(3) S. BERN. *In Cant.* serm., 79.

un jour, qu'importerait en somme ? Bien plus, quand
même il serait prouvé que saint François n'est pas
l'auteur du *Cantique du Soleil*, il n'en resterait pas
moins poète, et pour avoir avoir inspiré ces hymnes,
et pour avoir *inventé* cette inestimable prière en faveur de Madame la Pauvreté. « Elle était dans la
crèche, et, comme un écuyer fidèle, elle s'est tenue
tout armée dans le grand combat que vous avez sou-
tenu pour notre rédemption. Dans votre Passion, elle
a été la seule à ne pas vous abandonner. Marie votre
mère s'est arrêtée au pied de la croix, mais la Pauvreté, y montant avec vous, vous a enserré de son
étreinte jusqu'à la fin. C'est elle qui a préparé avec
amour les rudes clous qui ont percé vos pieds et vos
mains, et, lorsque vous mouriez de soif, épouse atten-
tive, elle vous faisait préparer du fiel. Vous avez ex-
piré dans l'ardeur de ses embrassements ; mort, elle
ne vous a point quitté, ô Seigneur Jésus, et elle n'a
point permis à votre corps de reposer ailleurs que
dans un sépulcre d'emprunt. C'est elle enfin qui vous
a réchauffé au fond du tombeau. O très pauvre Jésus,
la grâce que je vous demande, c'est de m'accorder le
trésor de la très haute Pauvreté : faites que le signe
distinctif de notre Ordre soit de ne jamais posséder
rien en propre sous le soleil, pour la gloire de votre
nom, et de n'avoir d'autre patrimoine que la mendi-
cité ! (1) »

En lançant de tel cris, François fit renaître la poésie
sacrée qui, confinée dans le latin, avait perdu de sa
popularité. Enfin, en choisissant l'idiome vulgaire
comme mode d'expression, il rendit un insigne service à l'art autant qu'à l'Italie ; en élevant à la dignité
de langue la parleure de ses contemporains, non seulement il indiquait à Dante ce qu'il y avait à faire,

---

(1) Aux *Acta Sanct.*, *Vie des trois compagnons*.

mais encore il lui préparait les voies. Et, par la poésie dont il était la source, ses fils allaient corroborer leur prédication et leur action sociale.

Il y avait, on l'a vu, au moins un poète avéré parmi les premiers compagnons du Poverello. Une fois sous la bure franciscaine, Pacifique, l'ex-troubadour ne cessa point de cultiver l'art qui l'avait rendu célèbre dans le monde ; mais, probablement par humilité, il garda l'anonyme ; on ne lui connaît aucune œuvre postérieure à son entrée au cloître. A ce « roi des vers », lauréat de Frédéric II, succède saint Bonaventure. Car l'éminent docteur possédait de sérieux dons de poète. De là, ces pièces d'une spiritualité harmonieusement traduite : la *Philomena*, thème de méditations sur la vie de Notre-Seigneur, le *Laudismus de S. Cruce*, exaltation de l'arbre de beauté « *Christi sanguine sacrata* », les *Laudes* de la sainte Vierge, anagramme suave de l'*Ave Maria* (1), le *Psalterium Beatæ Virginis Mariæ*, suite de délicieux poèmes en prose inspirés par le *Psautier* de David, dont l'antiphone *sub tuum præsidium*. Et les *Six ailes des Séraphins, Les sept chemins de l'Eternité*, l'*Itinéraire de l'âme à Dieu*, où toute pensée s'enveloppe de grâce, où toute image est symbole, et la *Légende de saint François*, dont chaque page sertit d'évangéliques beautés, oui, certes, de tels ouvrages valent des poèmes (2).

(1) Corneille en a fait une traduction en vers, dont plusieurs heureusement frappés. Rappelons que c'est à saint Bonaventure, dévôt de Marie en bon fils de saint François, que l'on doit la pieuse coutume de sonner l'*Angelus*. L'hyperdulie est un des caractères de la poésie franciscaine. Le Père de l'Ordre croyait fermement à l'Immaculée-Conception et il avait transmis à ses fils la mission de propager ce mystère, que Duns Scot devait faire honorer.

(2) S'il faut en croire M. R. de Gourmont, saint Bonaventure serait l'auteur d'un *Planctus de Christo* aux images curieuses. *Latin myst.*, p. 263.

A peu près au même temps où saint Bonaventure rimait en l'honneur de la T. S. Vierge, un franciscain de Vérone, F. Jacomino, ébauchait un diptyque en vers à saveur de chanson de geste : *l'Enfer* et le *Paradis*, compositions allégoriques en dialecte local.

Mais les poèmes ingénus de Jacomino, très anagogiques en leur symbolisme, manquent de cette flamme qui rend irrésistibles les cantiques du Patriarche d'Assise. C'est avec le B. Jacopone de Todi que la poésie franciscaine retrouve le lyrisme de son initiateur. Lyrisme d'une belle vie et vigoureusement affectif. Surgi du cœur d'un homme passionné et sensitif entre tous, l'art de Jacopone a sa place parmi les plus humains. Né dans les épreuves, il se fortifia dans les douleurs et s'épanouit sous le souffle de l'amour divin. « Ah ! je pleure de ce que l'amour n'est pas aimé », répondait-il à ceux qui le surprenaient tout en larmes, étreignant des arbres dans la campagne où, comme l'Assisiate, il se plaisait à méditer et à célébrer la gloire de Dieu, soit en chantant des psaumes, soit en forgeant des vers. Comme François, il pratiquait le renoncement jusqu'à l'héroïsme et faisait aimer la vie tout en enseignant le mépris de soi-même et la répression des sens. Il recommandait de ne point tomber dans le vice pour sauver la nature et de ne point détruire celle-ci pour déraciner le vice (1). « Pour s'être dégagé du commerce du monde, il ne s'en trouvait que plus près de la nature ; il n'aimait que d'un amour plus désintéressé, plus clairvoyant, la beauté idéale, présente, quoique voilée, dans tous les ouvrages de la création. Au plus fort des ravissements, et quand Dieu seul semblait le posséder, il s'écriait : « Je veux aller à l'aventure. Je veux visiter les vallées, les montagnes et les plaines ; je veux voir si ma bonne étoile m'y fera rencontrer mon amour si doux. — Tout ce que

____
(1) *Conformit*, f. 53.

l'univers contient me presse d'aimer : bêtes des champs, oiseaux, poissons des mers, tout ce qui plane dans l'air, toutes les créatures chantent devant mon amour (1). » Il aimait comme, seuls, les ascètes savent et peuvent aimer. On croit entendre saint François lui-même quand on lit cet ardent poème, fruit de sa vieillesse atrocement mortifiée : « O amour, divin amour ! pourquoi m'avoir assiégé ! » (*Poesie spiri- tuali*, lib. VI, XI).

Le XIIIᵉ siècle se délectait à l'audition des séquences latines en vers syllabiques rimés, mode alors en plein épanouissement. Jacapone en œuvra plusieurs, et deux d'entre elles brillent d'un éclat incomparable : le *Stabat Mater dolorosa*, que nul catholique n'ignore, et ce *Stabat Mater speciosa* que l'Eglise devrait bien reprendre dans sa liturgie. On citerait difficilement de plus beaux exemples de simplesse expressive. Mais Ja- copone ne s'attarda pas au latin populaire ; dans son désir de toucher les humbles jusqu'au tréfond d'eux- mêmes, de captiver malgré tout leur attention, il em- ploya très tôt le dialecte des montagnes de l'Ombrie. Et comme un assez grand nombre de ses poèmes constitue une quintessence de théologie mystique, le dernier des paysans avait ainsi, sous une forme atta- chante, un excellent abrégé de doctrine spirituelle (2). Et c'est encore pour le peuple qu'il versifia un spici- lège de proverbes et rima cette chanson consolatrice dont la naïveté cèle plus de philosophie que maints graves traités : *Doux amour de pauvreté....* (II, IV).

(1) OZANAM, *loc cit.* p. 194.

(2) Quelques-uns de ces poèmes contiennent des expressions où l'on pourrait voir des tendances quiétistes, mais elles ne sauraient frapper un lecteur ignorant, une âme à vie intérieure embryon- naire. Jacopone eut plutôt des excès de langage que des écarts de doctrine. Il ne tomba jamais dans les erreurs de Fratricelles. Bien au contraire, il les réprouva, traitant ceux qui les acceptaient d' « adeptes de l'amour contrefait ».

Génie puissant, emporté, sublime comme Michel-Ange, mais rugueux comme Donatello, imaginatif prodigieux et observateur implacable des réalités sensibles, dénué de goût, non de grâce, de style et parfois d'équilibre, jamais du sens du rythme, Jacopone créa force poèmes émouvants comme des tragédies vécues, réconfortants comme des oraisons, tels : *Christ en quête de l'âme errante, le combat de l'Antechrist* (IV, 6 et 14), *la Réparation de la nature humaine* (II, 2), qui tient du drame et de l'épopée (1). Il y a maintes rudesses dans ces vers, mais que d'austères beautés ! Quels accents d'un vivant mysticisme quand il exalte saint François recevant les sacrés stigmates, quand il adresse des conseils à Célestin V (I, s. 15), quand il dit la vertu des larmes (V, 15, 23, st. 11) ou pleure avec l'Eglise sur la tiédeur ambiante : « Dans tous les cœurs, mon Dieu, je te vois étouffé ! » Sans doute, sied-il d'ajouter aux œuvres du Chantre de Todi, (VI) cet *Amor di Caritate* que saint Bernardin de Sienne attribuait à saint François. On ne remarque plus, dans ce cantique à dialogue, la brièveté et la simplicité qui caractérisent les hymnes du Chantre d'Assise, Ozanam le relève judicieusement. Et rien n'empêche d'admettre avec le très compétent écrivain, pour concilier toutes les traditions, que Jacopone prit dans quelque poème du saint une pensée qu'il paraphrasa.

Enfin notre terrible ascète brossa d'énergiques peintures des mœurs et burina quelques satires violentes jusqu'à la grossièreté. Il eut des impétuosités, des hardiesses et des métaphores d'une force expressive

---

(1) Ozanam voit dans cette dernière pièce, comme dans celles consacrées aux principales fêtes de l'année, les premiers essais du drame populaire en langue italienne. *Loc. cit.*, p. 233. La complainte dialoguée pour la *Compassion de la sainte Vierge* est un drame tout palpitant de sainte émotion, la *plainte de la Madonna* touche droit au cœur comme les œuvres fortes.

qui rappellent tantôt saint Bernard, tantôt saint Antoine de Padoue, et que Shakespeare ne devait pas dépasser. Mieux encore, il eut des rugissements à lui, des apostrophes à nulles autres pareilles et, comme tous les violents à belles âmes, des accès de tendresse exquise. Rien n'égale le charme des images dont il s'est servi pour doter d'ailes l'âme symbolique, pour la fiancer à l'amour divin et l'adorner d'une parure digne des fêtes du paradis (II, 14 ; IV, 33 ; V, 23). Et comment traduire les caresses dévotieuses de ses *Laudes* à la sainte Mère de Dieu ? «.... Que ressentais-tu, Marie, dame de courtoisie, quand le Dieu ton fils suçait ton lait ? Oh ! comment ne mourais-tu point de joie en l'embrassant ? » Avec ce maître, artiste inouï jusqu'en ses invectives, la poésie franciscaine s'impose par des chefs-d'œuvre pénétrés de théologie autant que d'humanité, et la poésie italienne, débarrassée de ses langes, devient vraiment originale (1). L'œuvre de Jacopone terminée, Dante pourra construire sa *Divine Comédie*, le terrain est préparé, les matériaux l'attendent et il trouvera plus d'une inspiration dans les vers de ce précurseur génial qu'il connut et, mieux que personne, apprécia (2).

L'esprit poétique de saint François inspire encore au xiii⁰ siècle F. Tommaso da Celano dans son *Dies iræ*, tout frémissant de crainte et de ferveur religieuses, les B. F. Léon, Ange et Ruffin dans leur *Légende des Trois Compagnons*, ravissant assemblage de fresques littéraires, et saint Antoine de Padoue dans ses ser-

(1) Les œuvres de Jacopone avaient été déplorablement altérées et plusieurs éditions leur avaient imposé le voisinage de pièces parasites. Mortara, en 1819, expurgea très heureusement quelques-unes des poésies du maître et ramena le texte à sa forme primitive, Cf. sur Jacopone la très remarquable étude d'Ozanam. *loc. cit.*, p. 151-251.

(2) Dante fit aussi à Jacomino l'honneur de lui prendre des matériaux.

mons, où la nature, tout imprégnée de mysticisme, et merveilleusement historiée, apparaît en mille évocations aux tonalités opulentes et aux lumineuses nuances (1).

A peine efflorescente, la poésie franciscaine avait été adoptée avec enthousiasme du nord au sud de l'Italie. L'un de ses premiers effets fut d'arrêter la marche envahissante de cette poésie populaire des Deux-Siciles si fâcheusement contaminée par le scepticisme et le sensualisme des Hohenstaufen.

Les œuvres de Jacopone exercèrent une influence considérable; on les chantait dans les champs comme dans les églises, aux pèlerinages et partout. Les parias qu'elles ne saturaient pas de spiritualité, elles les protégeaient du moins contre les attaques impies. Mais, par poésie franciscaine, il ne faut pas entendre seulement celle que l'on doit aux Frères Mineurs, il convient de ranger encore sous ce titre les poèmes et les écrits politiques d'origine diverse qui portent les traces de l'influence du Poverello et ils sont innombrables. Cette influence, il semble bien qu'elle anime la prose qu'Innocent III œuvra précieusement en l'honneur de l'Assomption (2), l'hymne *Proles de cœlo prodiit*, attribuée à Grégoire IX, et cette couronne de récits édifiants tressée d'une main pieuse par Jacques de Varaggio, cet embryon d'apologétique pour les simples, la délectable *Légende dorée*, et ces *Méditations sur la vie du Sauveur*, si suavement doctrinales qu'elles passèrent jadis pour émaner de saint Bonaventure.

Au delà des frontières italiennes, la poésie francis-

---

(1) Cf. Migne, *Patrol.*, t. VI, p. 1206.

(2) Le pieux pape qui nourrissait huit mille pauvres par jour et cultivait la poésie pour la gloire de Dieu devait tout naturellement, presque sans s'en douter, s'ouvrir au rayonnement du Chantre d'Assise.

caine se répand très vite à grands flots et, comme au lieu de son berceau, elle christianise les âmes. C'est en France, alors que notre Thibaut IV, le dernier des troubadours, était dans toute sa gloire, certaine *Vie de saint François* rimée par un Frère Mineur en parleure nationale d'après l'ouvrage de Tommaso. Et les pages de cette traduction originale sont naïves et fraîches comme des enluminures d'alors (1). C'est, en Portugal, vers la fin du xiiie siècle, *la Vision de la femme de Torrès-Novas*, romance fleurant l'apologue évangélique, dont on ignore l'auteur et dont le texte primitif a disparu ; le *Miracle des Poissons*, poème agréablement archaïque d'un disciple anonyme de saint Antoine (2) ; et, dans les Espagnes, une importante partie de l'œuvre du B. Raymond Lulle. Ce frère intellectuel de l'Assisiate avait, comme le séraphique ami de Jésus, une dilection particulière pour la nature et les animaux. Dans le verger allégorique de l'*Ami et l'Aimé* (26), où tout lui parle du Maître adorable : « Chantez, dit-il aux oiseaux, si nous ne nous comprenons point par le langage, comprenons-nous par l'amour, car votre chant évoque mon Aimé à mes yeux. » Les ouvrages artistiques du B. R. Lulle, un écrivain qui les possède tout à fait, M. Marius André, les considère comme « la fleur suprême de la littérature catalano-provençale (3). »

(1) Voici la fin du sermon aux oiseaux. Cf. le morceau dans le *Saint Franc.* de Chavin de Malan.

> Bèles sœurs arondes, assez
> Avez parlé, or me sofrez
> Que j'aie parlé une pose ;
> A tant chascune se repose.
> Escotez la parole de Deu
> Et ne vos movez de ce leu.

(2) On en peut lire une heureuse traduction dans les *Poètes mvsl. du Portugal* de M. Emile Eudb.

(3) M. André, *le B. Raym. Lulle*, p. 166, Avec *L'Ami et l'Aime*,

Au xiv⁰ siècle, l'art franciscain, en pleine floraison, produit sur la terre italienne un chef-d'œuvre humble, candide, exquis entre tous, les *Fioretti*, cette gerbe de fleurs doux-odorantes comme des pétales d'avril et belles de la beauté qui s'ignore, dont l'auteur, vrai Fra Giovanni de la prose poétique, resta si longtemps ignoré. On sait à présent, grâce aux patientes et consciencieuses recherches de M. Sabatier, que l'honneur de cette réalisation revient au F. Hugolin, l'un des rédacteurs des curieux *Actus Beati Francisci et Sociorum ejus* (1).

L'esprit du Chantre d'Assise rayonne dans le Canto XI de l'immortel *Paradiso*, tout flamboyant de séraphisme, et aussi dans le Canto XXIV, qu'illumine l'ardente lumière de charité, la substance éblouissante du *Saint Aspect*. On en trouve des lueurs dans les mélodieux cantiques, voire dans les traités ascétiques du B. Ugo della Panciera (2) ; dans le charmant *Opus conformitatum* de F. Barthélemy de Pise ; dans les Regole *della vita spirituale* et *della vita matrimoniale*, ces écrins de belles pensées orfévries par le B. Chérubin de Sienne en une langue pure, limpide, gracieusement simple ; jusque dans la chanson imaginée par Giotto pour rendre hommage à la Pauvreté (3). Et l'on peut reconnaître encore l'in-

---

les œuvres du B. les plus imprégnées d'art sont : *L'arbre de la phil. d'Amour*, qui relève de la mystique ; *Blanquerna*, roman ; *Les Cents noms de Dieu* et la *Désolation*, poèmes ; le *livre de Félix*, récits allégoriques.

(1) L'Anonymat de l'autre rédacteur reste à percer. Ces *Actus*, M. Sabatier les considère comme constituant l'original des *Fioretti*. Toutefois, ajoute-t-il, Hugolin a dû avoir sous les yeux une compilation plus longue. La texte latin des *Actus* a été édité, chez Fischbacher, par les soins de M. Sabatier.

(2) Le Frère Mineur Ugo de Prato, surnommé della Panciera, partit pour les missions de Tartarie vers 1307 et mourut vingt ans plus tard environ.

(3) Publiée, d'après un manuscrit de Florence, par RUMOHR, *Re-*

fluence de cet esprit tant dans les *Contes moralisés* de Nicole Bozon, Frère Mineur d'Angleterre (1), que dans *l'Hortulus conclusus*, poème symbolique et luxuriant de métaphores hardies élevé par Conrad de Haimbourg à la gloire de Marie.

Au xv⁰ siècle, le grand artiste franciscain, c'est saint Bernardin de Sienne. Les sermons de cet apôtre sont, comme ceux de saint Antoine de Padoue, des poèmes en prose d'une éloquence à la fois fougueuse et stylisée, d'une envergure majestueuse. Comme les poésies de Jacopone et les cantiques de saint François (2), ils enrichissent la langue et la littérature que Dante venait d'immortaliser (3). « En Italie, dit M. Thureau-Dangin, de bons juges ont déclaré que ces *prediche volgari* étaient « des trésors de belle et pure langue familière siennoise, des modèles d'excellente prose narrative, descriptive, discursive et oratoire » ; ils ne tarissent pas sur la richesse, la fraîcheur, la variété merveilleuse de ce style, et n'hésitent pas à classer l'auteur au premier rang des prosateurs du *Quattrocento.* »

Dans le Portugal, les strophes : *O feu saint, vie, et lumière !* de dona Felippa, petite-fille de roi devenue religieuse au monastère d'Odivellas, témoignent de l'influence du Patriarche d'Assise. En Allemagne, cette influence se mêle peut-être à celle de saint Ber-

cherches *italiennes*, t. II, Berlin, 1827. Cf. Chavin de Malan, *saint François*, p 476.

(1) Recueil publié en 1889 par la Société des anciens textes français.

(2) Dans son *Hist. de la littérat. ital.*, Césare Cantù déclare que les écrits du Patriarche d'Assise sont tout à fait italiens.

(3) Saint Bernardin prêchait en italien, mais selon l'usage, il notait en latin les parties doctrinales de ses sermons. Ce n'est pas sous cette forme qu'il faut en prendre connaissance si l'on tient à les savourer. Plusieurs de ces discours ont été recueillis pendant que le saint parlait et notés en langue vulgaire. V. à ce sujet le livre déjà cité de M. Thureau-Dangin, p. 189-190.

nard dans certaines proses de Thomas A. Kempis, surtout dans *l'Hortulus rosarum* (cap. XIII), et à celle de saint Thomas d'Aquin dans les *Rosaires* du moine Ulrich Stöcklins de Rottach où, sous le pressoir de la croix, le précieux Sang du Sauveur ruisselle en vin mystique.

Un livre qu'il sied de classer en tête des œuvres imprégnées de *franciscanisme* resplendit dans ce même siècle comme un soleil. Ce livre, d'origine mystérieuse et d'inspiration céleste, c'est la très évangélique, la très ineffable, l'inimitable *Imitation*. Assurément, on n'y peut voir, au sens rigoureux du mot, un ouvrage franciscain ; toutefois, oserait-on affirmer que son auteur eût écrit des pages comme celles des chapitres V et L du livre III, pour ne citer que les plus enchanteresses, si le Père Séraphique n'avait existé ? Et qui donc s'aviserait de nier les affinités que présente le chapitre IV du Livre II avec le cantique 35 du V des *Poesies* de Jacopone ?

L'esprit de l'Assisiate, nous le trouvons, au xvie siècle, toujours vivace et charmeur, dans quelques douces et pieuses *canzone* du Tasse, dans l'apostolique saint François de Sales (1), dont la mâle énergie ne se montrait qu'enveloppée d'amour et d'onction ; et, au Portugal, dans le *Tremblement de terre des Açores*, romance très hyperdulien du franciscain Affonso, missionnaire à Saint-Miguel, les *Actes pastoureaux* de Gil Vicente, délicat rénovateur de *villanciques* (Chants de Noël), les *souffrances de Jésus* de l'augustin Thomé, méditations poétiques où se lit une belle prière relative à la pauvreté. Et n'est ce pas l'enthousiasme éperdu de François qui revit dans les vers de saint Jean de la Croix et les embrase ? N'est-ce pas la même piété incandescente, la même tendresse passion-

(1) Particulièrement, dans le *Traité de l'amour de Dieu*, l. VI, ch. xv.

née, la même joie du sacrifice consenti qui caractérisent les chants d'adoration de ces deux grands énamourés du Sauveur ? Et ne paraît-il pas très probable que sainte Térèse et saint Jean de Dieu furent aussi quelque peu les tributaires de l'aède de la Jérusalem séraphique ? Car l'exquis serviteur des malades avait reçu, comme la réformatrice du Carmel, d'admirables dons de poète et il témoignait aux oiseaux une vive amitié. Par malheur, aucune de ses œuvres ne lui a survécu (1).

La poésie franciscaine s'était développée de bonne heure sur la terre lusitane, très impressionnée par son fils saint Antoine ; au xviie siècle, elle se manifeste par les *Elégies* d'un Frère Mineur très apôtre, Antonio das Chagas, et par les *redondillas* sur saint Antoine et sur les Martyrs du Maroc de Francisco Lopes. Sur la terre ibérique, cette poésie se propagea surtout quand les œuvres de Jacopone eurent été traduites en castillan, soit après 1576. Lope de Vega, le fécond dramaturge, consacra des sonnets et une romance d'une dévotion embrasée au *Seraphico Padre ;* le Frère Mineur Gabriel de Mata construisit à sa louange un vaste poème du genre épique : *El cavallero Assisio*, d'une spiritualité très chevaleresque (2) ; Cayrasco de Figueroa célébra ses vertus dans son *Templo militante* et Francisco de Boya ses stigmates dans un sonnet des *Las obras en verso*. Dictés par une profonde dilection, les vers de Lope sont d'un art magnifique. Quelques images d'une beauté grandiose en font d'inestimables joyaux. Que l'on en juge par cet extrait de « A las Llaglas ».

---

(1) Toutefois, on peut s'en faire une idée d'après les poèmes de ses compagnons. M. EUDE. *loc cit.*, p. 20-21, en donne deux fort intéressants.

(2) On doit aussi à Gab. de Mata quelques autres vies de saints celles de Claire, d'Ant. de Padoue, de Bernard, de Sienne et de Louis d'Anjou.

A l'heure où l'Aube pleure sur les muguets et les lys, où elle écrit en lettres de diamant sur les feuilles de l'hyacinthe ; dans les monts que l'Alvernia couronne d'âpres rochers, formant pour arriver jusqu'au ciel des obélisques de neige ;

Sur les rameaux et dans leurs nids, les oiseaux faisant silence ;

. . . .

et les fontaines faisant taire leur bruissement sonore :

. . . .

François, brûlant d'amour pour le Christ, demandait au Christ, comme c'est l'office de celui qui aime, de lui donner des peines....

En Italie, l'admiration pour le Poverello ne se traduit plus guère que par des chroniques (1) ; on ne voit à signaler qu'un poème en langue nationale, l'*Arbor S. Francisci* d'Angelo Bardi. En France, notre Tristan L'Hermite, ce précurseur trop peu connu de Corneille et deRacine qui savait regarder la nature, ne fut pas sans ressentir vers la fin de sa vie, les effets du Franciscanisme. On doit à la conversion de ce lyrique original quelques-uns des vers les plus pieux de ce siècle dont les artistes ignorèrent, semble-t-il, l'émotion religieuse (2). Peu après le moment où le maître de *Polyeucte* traduisait les *Laudes* de saint Bonaventure, l'esprit franciscain apparaissait pour la première fois en Dalmatie dans un poème essentiellement ethnique par son âme et sa forme comme par son sujet. Le Frère Mineur Andrija Kacic Miósic y chante, en des strophes plus discursives que lyriques, les combats des Jougoslaves contre les Turcs. Mais ce poème reflète si bien l'âme dalmato-croate qu'il est encore

(1) Telles la *Chronica Seraphici montis Albernæ*, par le P. Salvatore Vitale et le *Floretum Alverninum*, où sont encastrées les citations d'un poème épique latin : *Franciscus*, œuvre de Mauro Spinelli.

(2) Voir surtout ses *Heures de la Vierge*. Cf. sur Tristan L'Hermite le livre très remarquable de M. Bernardin.

aujourd'hui la lecture favorite des populations de cette race (1).

Au xviiie siècle, quelques frères de Kacic Miósic s'appliquent à enrichir d'un foyer d'art franciscain la Bosnie et l'Herzégovine. Mais c'est au Portugal que cet art jette ses plus vives lueurs dans les poésies du P. Caldas, lyrique insigne que Pie VI honorait d'une haute estime. Quant aux œuvres réalisées depuis le *Génie du Christianisme* jusqu'au *Pauvre Pécheur* (2), en dehors de celles des fils même du Mendiant de l'Ombrie, — telle l'Hymne du P. Previti (3), — deux seulement, pensons-nous, *Bethléem* du P. Faber et *Sagesse* de Verlaine, portent l'empreinte du franciscanisme. De nos jours, il renaît, sous une forme subtile, dans l'art du délicat et très mystique Louis Mercier (4).

Ainsi, par les admirateurs que le Père de la Pauvreté eut toujours dans les différentes classes de la société comme par ses propre fils, le séraphisme poètique, né des baisers même de Jésus, ne cesse de luire et d'agir sur le monde chrétien. Remercions-en Dieu. Car on peut dire de la poésie franciscaine ce que le P. Faber dit des poèmes peints par le B. Fra Giovanni sur les parois de San Marco : « C'est un moyen de grâce qui nous sanctifie lorsque nous le considérons et qui amène notre cœur à se fondre en prière. L'art est véritablement une révélation du ciel et une puissante ressource pour nous faire connaître Dieu (5). » De la sorte, ce qu'il a pris à la théologie et à la dévotion, l'art le leur rend, et de la meilleure manière.

(1) Né à Madiarsha (Dalmatie), Kacic Miosic mourut en 1702.
(2) Poème mystique très impressionnant d'Adrien Mithouard.
(3) Composée pour le viie centenaire du saint.
(4) Cf. *L'Enchantée* et, parmi les poésies éparses du jeune maître, *Laus Herbarum*.
(5) *Bethl.*, l. I p. 308.

CHAPITRE IV

L'INFLUENCE DU SAINT SUR LES ARTS PLASTIQUES

La sainteté de François avait illuminé l'Italie d'une telle lumière, sa physionomie était si complètement populaire, que deux ans après sa mort, Grégoire IX, traduisant les sentiments de toute la nation, recourut à l'art pour glorifier notre bienheureux. Bientôt, sur son tombeau, un monument se dressa et les peintres les plus réputés furent appelés afin de le parer comme une châsse (1). Il arriva qu'ils en firent aussi le berceau de l'art italien et le Poverello n'y fut pas pour peu de chose.

En effet, à ce moment, l'art commençait de se vivifier par un retour à l'étude directe, sincère, de l'homme et de la nature. Cimabué donnait l'impulsion à ce mouvement rénovateur que le génie de Giotto devait faire triompher. Or, les sentiments esthétiques du maître florentin et de son illustre élève n'avaient-ils pas maintes analogies avec ceux du Chantre d'Assise ? Certes, la tentative de Cimabué était née surtout de la nécessité d'en finir avec des formules qui paralysaient tout essor. Pour que l'Italie eût de nouveau un art, il fallait absolument remplacer les poncifs byzantins par des formes vivantes. Dès le milieu du XIIIe siècle, les vrais artistes le comprenaient et leurs intuitions les poussaient à l'observation des réalités sensibles. Cependant, peut-on contester que l'amour de François pour la création tout entière les ait incités à marcher dans cette voie ? Et ne paraît-il pas certain

(1) La Basilique d'Assise est une manifestation fort attachante de notre art français du midi. On ne peut donc guère admettre que son auteur, sur lequel on ne sait rien de certain, ait été d'origine allemande comme on l'a cru si longtemps.

que ce sont les effluves de son immense et sainte dilection qui amenèrent Giotto et ses continuateurs à donner de l'importance à leurs décors, à humaniser leurs
figures et leurs scènes, à envelopper de suavité, de
tendresse leurs manifestations religieuses? L'influence
du Père Séraphique fut si pénétrante qu'il est tout à
fait plausible d'admettre qu'elle s'exerça sur les artistes, ces sensitifs par excellence, qu'elle anima leur
mysticisme et spiritualisa leur naturalisme.

Les représentations du Père des Mineurs et de ses
gestes sont innombrables et un gros ouvrage suffirait
à peine pour dresser la monographie des principales.
Mais il s'en faut que toutes irradient de la spiritualité
ou de l'art. Aussi ne nous arrêterons-nous qu'aux plus
dignes d'intérêt.

Parmi les très anciennes, celles des mosaïques ab-
sidales de Saint-Jean-de-Latran et de Sainte-Marie-Ma-
jeure retiennent par leur harmonie autant que par la
piété qu'elles dégagent. Elles portent la signature du
franciscain Jacopo Torriti, que M. Gerspach regarde, à bon droit, comme un précurseur de l'art moderne (1). Le *Santo*, sur le premier de ces motifs, se
tient en adoration avec saint Antoine de Padoue, près
des Apôtres, du Baptiste et de Marie groupés autour de
la croix ; dans le second, un *Couronnement de la sainte
Vierge*, il se recommande aussi par une pose très
orante. Des portraits de notre Bienheureux, les moins
effrayants en leur archaïsme sont celui, encore très
byzantin, dû à F. Eudes, bénédictin de Subiaco ; celui, plus souple malgré de fâcheuses disproportions,
du lucquois Bonaventura Berlinghieri (égl. de Pescia) ;
celui peint par Giunta Pisano sur une des planches
qui formèrent le lit funèbre de l'Assisiate. Quant à

(1) *La Mosaïque*, p. 141. Torriti eut pour aide, dans cette dé-
coration, un de ses frères en saint François, Jacopo de Camerino.
La mosaïque de Saint-Jean-de-Latran à subi plusieurs retouches,

ses effigies sculptées, le *Jugement dernier* de la cathédrale d'Orvieto en contient une qui ne manque pas d'énergie. Peut-être l'ensemble dont elle fait partie est-il du pisan Giovanni.

Des premiers décorateurs appelés à la Basilique d'Assise, Giunta cité plus haut et Guido de Sienne, le second seul s'efforça de réagir contre la manière « alla greca ». Cimabué, qui leur succéda dans le dernier tiers du xiiie siècle, déraidit un peu mieux ses personnages, sans toutefois rompre avec la tradition (1). Giotto, en continuant l'œuvre de son maître, réussit enfin à se débarrasser des entraves byzantines et à donner naissance à l'art italien. Le génial débutant réalisait en même temps une manifestation vraiment franciscaine d'art religieux.

Les phases de la vie du Père des Mineurs qui se déroulent sur les parois de l'église supérieure sont d'une exécution forcément inégale, mais toujours personnelle et souvent expressive à souhait. Dans la scène où Notre-Seigneur lui demande de réparer son Eglise et dans celle où il donne son manteau à un pauvre, l'Assisiate séduit par sa physionomie très pure et son attitude significative. Il retient encore par sa posture intelligemment indiquée dans le motif inspiré par la vision de Grégoire IX, dans celui des *Stigmates*, hélas ! très abîmé, dans celui, plein de recueillement, où le divin Maître, d'un beau geste, lui donne sa bénédiction. Sa piété charme dans ce *Noël* de Grecio que l'Enfant-Dieu vint sanctifier de sa présence, au dire du chevalier de Velita (2). Plusieurs des fresques

(1) Il est peu probable que Cimabué ait peint toutes les scènes de la vie de saint François qu'on lui attribue, car on y sent plusieurs manières ; mais, comme un « air de famille » se retrouve en toutes, rien ne s'oppose à ce qu'elles aient été exécutées sous sa direction.

(2) La coutume d'élever des crèches pour la fête de Noël vient sans doute de l'initiative de François. Et que de merveilles d'art on pourrait réaliser ainsi ?

précitées frappent encore par leur arrangement, et les personnages du cortège funéraire se groupent avec un naturel parfait. De plus, quelques-unes des religieuses réunies devant Saint-Damien, entre autres celles qui baisent la main et le pied de François et celle inclinée derrière sainte Claire, manifestent très chrétiennement leur douleur.

Les peintures de l'église inférieure, qui symbolisent les vœux de l'ordre des Frères Mineurs, sont de beaucoup plus remarquables (1). *Le Triomphe de la Pauvreté*, où se relient, avec de sobres silhouettes, deux importantes théories de figures, offre un ensemble touchant ; le Christ y apparaît d'une douceur exquise et la Pauvreté s'y profile ineffablement émaciée. Les triomphes *de l'Obéissance* et de *la Chasteté*, tout en constituant des ordonnances très décoratives, expriment, sans tomber dans le genre ennuyeux, des idées difficiles à traduire en plastique. Dans la *Glorification de saint François*, les divers groupes s'équilibrent de très agréable manière et les Anges ravissent par leur allégresse. On songe, devant cette hymne rassérénante, spiritualisante, au *Canto* XI du *Paradiso*, et cette évocation est tout à l'honneur du peintre.

Les qualités prodigieuses de Giotto s'affirment mieux encore dans le délicieux oratorio *dell Annunziata nell' Arena* (Padoue), dont il fut probablement l'architecte, et dans les décorations dont il para l'église Santa Croce de Florence (2). Là, dans la chapelle Bardi, le maître reprit quelques-uns des épisodes

(1) Giotto entreprit ces fresques en 1314 ; celles de l'église supérieure avaient été commencées vers 1296.

(2) Ce sont ces décorations que de lamentables brutes s'avisèrent de recouvrir de plâtre ; et l'on n'a pu les rendre toutes à la lumière. Dans la même église, Giotto adorna de 26 motifs une armoire de la sacristie. Celui de ces panneaux qui représente le saint emporté sur le char de feu se trouve maintenant à l'Acad des B. A. de Florence.

de la vie du *Santo* déjà traités par lui dans la Basilique d'Assise ; et il réalisa la plus émouvante de ses œuvres : *La mort de saint François*. Page grandiose dans sa simplicité monastique ! Elle impose l'admiration et appelle la prière. Plus tard, de grands artistes, praticiens irréprochables, prouveront leur maîtrise en s'inspirant du Pénitent de l'Ombrie ; mais aucun d'eux n'atteindra, malgré sa force et son savoir, à la puissance affective de cette fresque incomparable.

Les différentes compositions dans lesquelles Giotto a fait revivre le *Père de la Pauvreté* forment un étonnant poème. La fraîcheur, la candeur, la grâce pieuse de *la Légende des trois compagnons* et des *Fioretti* se retrouvent dans ces peintures, où tout ce qu'accompliront les *Quattrocentisti* est en germe. Par leur esprit comme par leur sujet, elles sont profondément religieuses et d'une suavité franciscaine, et, de plus, elles débordent d'une humanité à laquelle nul ne reste insensible.

Le naturisme du Chantre d'Assise avait envahi la sculpture comme la peinture. Il se manifestait dans la chaire de San Giovanni (Pistoja) au temps même où Cimabué décorait le monument du saint. Sur cette chaire, ornée de bas-reliefs par un disciple de Niccolo Pisano, le Dominicain Guglielmo d'Agnello, le bœuf et l'âne prennent une importance de personnages près de la crèche, les brebis des bergers d'alentour font savoir qu'elles existent et un lévrier accompagne les mages.

Des travaux exécutés au XIVe siècle dans la fameuse Basilique par les Giottesques, retenons ceux de Pietro Lorenzetti, de Puccio Capanna et de Giottino, l'arrière-petit-fils du maître. Celui-ci se distinguait par un sentiment délicat de l'harmonie, les deux autre possédaient le sens du décor mural et savaient allier la ferveur à la familiarité (1). Avec le précieux et mi-

---

(1) Les peintures de P. Lorenzetti, vigoureuses et nettement

nutieux Simone di Martino, ils achevèrent d'assurer un caractère franciscain à l'église inférieure, ce « caveau » pour lequel Taine eut donné toutes les églises de Rome (1). Enfin, parmi les ouvrages inspirés directement par les gestes du Poverello, disons encore ceux d'Ambrogio Lorenzetti, frère de Pietro, qui enthousiasmèrent Ghiberti (2) ; les *Funérailles et la Glorification* du Capanna déjà nommé (salle du chap. de S. Franç., Pistoja), scènes significatives, la seconde vulgaire, mais la première mystique ; le saint *réconciliant les habitants d'Arezzo* (S. Fr. de Bologne), bas-relief disert en sa naïveté dû à la collaboration des Vénitiens Jacobello et P. Paolo.

Le xv⁰ siècle est une époque de chefs-d'œuvre. Si les François que nous allons signaler manquent, en général, de spiritualité, voire de vraisemblance psychologique, au moins sont-ils tous construits avec art.

Le B. Fra Giovanni ne pouvait se désintéresser de l'ami du Père de son Ordre; il l'a représenté embrassant saint Dominique, puis apparaissant au chapitre d'Arles (mus. de Berlin), sans réussir à créer une physionomie typique. Par contre, le François qu'il agenouilla dans la sublime *Crucifixion* de San Marco respire une compassion séraphique, et celui qu'il a introduit dans son *Jugement universel* (*uffiz*. Florence) est mystiquement idéalisé.

Benozzo Gozzoli, le tendrement fastueux, Pesellino, l'intime, et D. Ghirlandajo, le charmeur, ont tracé l'histoire de notre « chevalier du Christ », le premier à Monte-Falco, le second dans le noviciat de Santa-Croce, le troisième dans la Sainte-Trinité de Florence.

personnelles, ont été pendant longtemps attribuées à tcrt à Cavallini.

(1) *Voyages d'Ital.*, p. 64.

(2) T. Ghiberti, commentario II (ap. Vasari) éd. Lemonnier. Flor. 1845. T. I, p. xxxiii, xxxiv.

C'est là que se trouve une *Mort du saint*, non sans réminiscences du chef-d'œuvre de Giotto, mais cependant originale, et, d'ailleurs, gravement belle. D'autres maîtres se sont plu, selon l'usage du temps, à figurer l'ami du Crucifié près de la Madonna, dans le voisinage de divers célicoles, ainsi firent : Botticelli (Ac. de Florence), G. Bellini (égl. du Redentore et Ac. de Venise), F. Francia (Pinac. de Bologne), L. Vivarini (Ac. de Venise), Perugino (nat. Gallery), Ridolfo, fils de Ghirlandajo (Louvre). Sano di Pietro, « homme tout en Dieu » selon les chroniqueurs, a peint avec infiniment de grâce et de naturel un François très immatériel rencontrant la Pauvreté, l'Obéissance et la Chasteté (mus. Condé). Signorelli le puissant, dans son admiration pour notre bienheureux, l'a placé parmi les Docteurs (cath. d'Orvieto). Filippino Lippi essaya de narrer les indicibles Stigmates. Benedetto da Majano conta quelques épisodes de cette vie incomparable en des bas-reliefs animés et spiritualisés qui parent la chaire de Santa-Croce. L'*épreuve du feu*, les *Stigmates* et *Girolamo touchant la plaie du côté* captent particulièrement l'attention par l'ordonnance des motifs et les physionomies des personnages.

Luca della Robbia, sans rival dans l'art d'émailler la terre, a modelé notre énamouré de Jésus dans un *Crucifiement* louable pour son style (égl. de l'Alverne). Et il se pourrait que son neveu Andrea fût l'auteur d'une terre cuite voisine, certaine *Nativité* gentille qui réunit saint Antoine de Padoue à son père spirituel dans une commune adoration du divin Bambino. On relève aussi les marques de l'atelier d'Andrea sur une interprétation très vivante et pieuse de l'accolade des deux fondateurs des Ordres Mendiants (Loggia de l'hôpital Saint-Paul, Florence).

Les ébauches ont également leur intérêt et leur

saveur ; il ne faut jamais les négliger lorsqu'on tient à bien connaître une époque, une école, un ensemble d'interprétations. Ajoutons donc aux figures précédentes le radieux François qui se marie avec la Pauvreté sur un dessin très florentin que son auteur a négligé de signer (collect. Malcolm).

Les effigies de l'Assisiate réalisées au xvie siècle ne valent guère qu'au point de vue de l'exécution. Celle que Raphaël a placée dans sa *Dispute du Saint-Sacrement* se recommande par une gravité vaguement pieuse. Mais celles qu'ont laissées le Titien, le Corrège, Andrea del Sarto, Véronèse sont tout à fait ineptes quant à l'expression. Et ce qu'il y a de plus heureux dans le bas-relief où Merliano da Nola relate *la Conversion du loup de Gubbio* (Saint-Lorenzo, Naples), c'est, avec la structure de la scène, l'animal repentant. Les François les plus méditatifs d'alors se voient sur un frontispice du véronais Ligozzi, « les Gloires de l'Ordre », qui sut doter son *Santo* d'yeux profonds et doux, et sur un curieux dessin de F. Vanni (Louvre), dont, par malheur, les formes sont torturées.

Au siècle suivant, quelques vénérables images de saint François enrichissent les Espagnes, dont l'art vient d'arriver à l'originalité. C'est le saint en oraison (gal. de Dresde et Pinac. de Munich), et le saint mort (mus. de Madrid), pathétique, grandiose, du robuste caractériste Zurbaran. C'est le saint en extase, si pieusement ascétique (trésor de la cath. de Tolède) d'Alonso Cano (1). C'est le saint amoureusement dressé par Murillo contre le Sauveur en Croix, qui vient de détacher un de ses bras pour l'appuyer sur l'épaule de son féal, de son « gonfalonnier ». Dans ce tableau, la physionomie de l'Assisiate irradie du

_____

(1) Le maître a fait aussi une excellente peinture d'esprit franciscain : *La mort d'un Frère Mineur* (acad. de saint Fernando).

séraphisme ; mais elle manque de spiritualité dans les autres pages que lui consacra le maître Sévillan.

Quant au Patriarche exhibé par Claudio Coello, dans l'*Indulgence de la Portioncule*, près d'un Christ olympien, il intéresse surtout par l'attitude. Il en faut dire autant du Poverello français silhouetté dans une interprétation du même thème par Michel Corneille (exécut. pour les Capucins du Marais, Paris). En Italie, Sermei d'Assise, naïf sans art, ne tire de la vie du poète thaumaturge qu'une suite de scènes de genre banales (égl. de Rivo Torto), et notre Simon Vouet, chargé de peindre cette existence à Saint-Lorenzo in Lucina (Rome), n'était pas davantage en puissance de traduire les sentiments religieux. L'une des rares figurations du *Santo* que l'on puisse contempler avec quelque plaisir esthétique orne une médaille de François IV, duc de Mantoue.

Dans les Pays-Bas, ni Rubens, ni Rembrandt ne réussirent à laisser une tête convenable de ce délicieux mystique qu'ils ne comprenaient point. L'élégant Van Dyck s'appliqua, semble-t-il, à en écrire le caractère lorsqu'il dut le représenter à genoux contre l'arbre du Salut, mais lui non plus n'avait pas ce qu'il fallait pour mener à bien une telle entreprise.

Inutile de s'arrêter aux ouvrages vulgaires et froids commis au triste xviiie siècle. Au xixe siècle, le réveil de la foi nous vaut quelques nobles tentatives d'art religieux et saint François n'est pas oublié. Overbeck évoque la *concession de l'Indulgence de la Portioncule* à Sainte-Marie-des-Anges, puis il essaye de figurer une de ses extases (1). En France, Benouville, dans une composition sobre, émue, si naturellement touchante qu'on ne saurait l'oublier après l'avoir contemplée, montre le Père Séraphique bénissant Assise (Louvre) ; H. Flandrin le synthétise d'une manière

_____

(1) Tableau exposé à Munich en 1858.

murale mais sans caractère dans sa frise de saint Vincent de Paul ; Janmot le glorifie avec plus de succès, et non sans spiritualité, en deux allégories (1) élégamment décoratives (chap. des Franç. de la rue des Fourneaux, Paris); Villé, autre excellent décorateur du mur, l'exalte avec une ferveur insigne dans sa *Vie de saint Antoine de Padoue* (couv. des Capucins de Paris, chap. des Tertiaires) tout imprégnée d'une suave piété. Enfin deux peintres, pendant ces dernières années, se sont distingués par un réel esprit franciscain : Sautai, bon psychologue, dont les types de Frères Mineurs méritent de finir dans nos musées, et Charles Dulac, mystique épris de la nature, mort très jeune avant d'avoir pu réaliser ce qu'il promettait (2).

En somme, la figure du Stigmatisé de l'Alverna, comme celle de Notre-Seigneur, reste à faire ; mais que de travaux dignes d'hommages elle a inspirés déjà ! Quant à l'esprit franciscain, on peut soutenir sans hyperbole qu'il a régénéré toutes les manifestations d'art, car son action s'est fait sentir jusque dans l'architecture, obligeant les constructeurs à chercher, avec une simplicité salutaire, des harmonies à la fois gracieuses et austères, des alliances de lignes monastiques et de décors vivants. Nous lui devons, avec la splendide Basilique d'Assise, au moins deux édifices devant lesquels chacun s'incline : Sainte-Marie-la-Glorieuse (Venise) que Niccolo Pisano dota de proportions d'une vraie majesté, et Santa-Croce (Florence) élevée par Arnolfo qui sut en rendre décoratives les trois nefs ascétiques et la très humble charpente (3). Nous lui devons encore, à l'esprit de l'Assisiate, la Basili-

(1) Le mariage mystique de François avec la Pauvreté est particulièrement heureux.

(2) Ses peintures religieuses ornent divers monastères en Italie.

(3) Des fresques de cette église, il ne reste, hélas ! que des vestiges !

que de la Portioncule et l'église Saint-Antoine à Padoue, la transformation de l'*Ara Cœli* de Rome, les très artistes portails de Saint-François d'Ancône et du cloître de Burgos. Tout ces chefs-d'œuvre, tous ceux de la peinture et de la sculpture (1) proclament avec une éloquence qu'aucune apologie ne dépassera l'influence esthétique du plus artiste des saints. « C'est ce mendiant, déclare Renan dans un accès d'admiration, qui a été le Père de l'art chrétien (2). »

CONCLUSION

Quelques écrivains, épris du Poverello mais hostiles à l'Eglise de par leur formation intellectuelle, se sont ingéniés à faire du très fidèle ami de Jésus, du très dévot à Marie, un précurseur de Luther, un adversaire du clergé. Vraiment l'anti-papisme entraîne à d'étranges aberrations ! Il suffit d'examiner les faits enregistrés par l'histoire pour se convaincre que François fut naturellement catholique au sens complet, profond du mot. Il exhorta toujours à respecter l'Eglise, ses enseignements, son culte et ses ministres. Il poussait même jusqu'à la vénération son respect pour les prêtres, se refusant à voir en eux le péché tant il y percevait le Christ. Et c'est par amour pour le sacerdoce comme pour l'Eucharistie, qu'il portait avec lui un petit fer à hosties afin de fournir de pain d'autel les paroisses pauvres. Son catholicisme, il resplendit intégralement dans les paroles qu'il adressa pendant une extase à Notre-Seigneur lui-même : « François, lui avait dit le divin Maître, ton amour va jusqu'à l'excès et jusqu'à la folie ! — O Sei-

---

(1) Et aussi d'innombrables œuvres de tout genre, moins importantes mais très dignes d'admiration ou d'étude, soit pour leur caractère d'art, soit pour leur intérêt archéologique, comme celles qui composent le beau musée des Franciscains de Marseille.

(2) *Nouv. ét. d'hist. relig.*, p. 327, 334, 341.

gneur, ô mon doux amour ! répliqua le saint, est-ce
à vous de me reprocher cet excès, à vous qui, pour
l'amour de moi, vous êtes anéanti comme un insensé,
avez pris une chair semblable à la nôtre et nous avez
aimé follement jusqu'à la mort de la croix (1). » Quoi
de plus catholique, en vérité, que cet amour pour la
Passion du Sauveur ? et quoi de plus catholique encore que cette passion pour la Pauvreté devant laquelle nos adversaires ne peuvent pas ne point s'in-
cliner ? Les fausses religions prouvent bien, par leur
impuissance d'aimer jusqu'au complet sacrifice, qu'elles
ne sont que des contrefaçons. Les hérésies se sont
bien gardées d'abandonner les pauvres, déclare judicieusement M. d'Héricault, mais « aucune ne peut
avoir l'héroïsme d'adorer la pauvreté (2) ».

A aucun moment de sa vie, François ne se départit
de son culte chevaleresque. Et c'est en toute quiétude
qu'il pourra dire au moment de quitter la terre : « Je
n'ai pas souvenir d'avoir jamais été infidèle à ma dame
la pauvreté (3). » Certes, il s'en était montré, selon l'é-
nergique expression de Bossuet, « le plus désespéré
amateur qui ait été dans l'Eglise (4) ». D'ailleurs, toutes
ces vertus que le Fils de Marie avait vécues dans leur
plénitude, François les reproduisit avec une fidélité
prodigieuse qui stupéfia son temps et ne cessera
d'étonner le monde. Dieu l'avait suscité pour ramener
à Lui les nations qui s'oubliaient dans la corruption
et la discorde, pour les sanctifier, les sauver. Aussi
travailla-t-il notre Pénitent de manière qu'il apparut
comme une nouvelle image du Rédempteur. Et, de fait,

(1) T. de Célano, *Vita prim*, cap. xxix. Plus tard, à cause de
la conformité qu'il avait eue à la vie souffrante du divin Maître,
François devait être donné comme protecteur à la B. Marguerite-
Marie par N. S. lui-même, 4 oct. 1686.
(2) *Loc cit.*, p. 149.
(3) T. de Celano, *Vita sec.*, p. 3, c. v.
(4) *Panégyrique de saint Fr.*

ce poète de l'ascétisme, dont l'unique ambition était de n'accepter d'autre gloire que « dans la croix de N. S. Jésus-Christ », réalisa cette « perfection de l'amour dans la perfection du sacrifice » qui, selon la très expressive remarque de Dom Gréa, constitue la sainteté dans l'Eglise (1). C'est par sa ressemblance avec notre adorable Sauveur que le Séraphique Mendiant parut à Dante comme un soleil et fit refleurir le Christianisme. Il compte parmi ceux que saint Paul nous invite à honorer (2). Et l'on ne saurait mieux l'honorer qu'en l'imitant.

Vivre selon l'Assisiate, c'est avancer dans la vie spirituelle et c'est faire avancer l'apaisement social. Tout ce que cherchent les âmes inquiètes égarées à la recherche du divin, comme tout ce que peuvent désirer les mystiques de la vraie Religion, tout est dans saint François, dont l'action se prolongera dans les âges futurs sans rien perdre de sa force, parce que, répétons-le, quoique vivant dans l'extase, il fut profondément humain.

(1) *De l'Eglise et de sa div. Constit.*, l. III, ch. XII, p. 422-423.
(2) *Honore maxime digni sunt*, déclare l'Apôtre, *qui laborant in verbo*, I, Tim v, 17.

TABLE DES MATIERES

Saint-Amand (Cher). — Imprimerie BUSSIÈRE.

www.ingramcontent.com/pod-product-compliance
Lightning Source LLC
Chambersburg PA
CBHW051131050726

47594CB00003B/1040